应急处置与安全自救

校内外学生防骗防盗防暴的管理与教育

王连河 编著

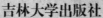

吉林大学出版社

图书在版编目（CIP）数据

校内外学生防骗防盗防暴的管理与教育/王连河编
著. —长春：吉林大学出版社，2012.10
（应急处置与安全自救/李智能主编）
ISBN 978－7－5601－9133－1

Ⅰ.①校… Ⅱ.①王… Ⅲ.①安全教育—中小学—课
外读物 Ⅳ.①G634.203

中国版本图书馆 CIP 数据核字（2012）第 232983 号

书　名：校内外学生防骗防盗防暴的管理与教育
作　者：王连河　编者

责任编辑：朱进　责任校对：崔小波　　　　　　　封面设计：刘玉艳
吉林大学出版社出版、发行　　　　　北京市联华宏凯印刷有限公司　印刷
开本：787×960 毫米　1/16　　　　　　　　　　　　　　　印张：11
字数：142 千字　　　　　　　　　　　2015 年 1 月第 1 版第 2 次印刷
ISBN 978－7－5601－9133－1　　　　　　　　　　　定价：29.80 元

社址：长春市明德路 501 号　邮编：130021
发行部电话：0431－89580026/28/29
网址：http：//www.jlup.com.cn
E-mail：jlup@ mail.jlu.edu.cn

前　言

  校园安全是指学生在校期间，由于某些偶然突发因素而导致的人为伤害事件。就其特点而言，责任人一般是因为疏忽大意或过失失职造成的，而不是因为故意而导致事故发生的。

  校园安全工作是全社会安全工作的一个十分重要的组成部分，直接关系到青少年学生能否安全、健康地成长，更关系到千千万万个家庭的幸福安宁和社会稳定。

  校外安全是指学生在校外期间，由于学生年幼无知和缺乏监护而导致的安全事故。学生校外安全是一个永远而沉重的话题，比如全国每年在暑假期间都有很多因为学生外出游泳溺水而亡的群体事件发生，还有触电、车祸、烧伤等事件发生，严重影响了青少年学生的生命安全。在我国，青少年学生意外伤害多数发生在学校和上学途中，而在不同年龄的青少年中，又以15至19岁意外伤害的死亡率最高。

  校园内外学生的安全是我们每个师生、家长和社会十分关心的问题。广大学生作为特殊的群体，他们的健康成长与生命安全涉及千家万户，培养他们健康成长，保护他们生命安全，这是我们全社会的共同责任。据有关部门对中小学生安全问题的调查表明：中小学生中52.8%的认为比较安全，12.5%的认为自己不是很安全，还有34.7%的认为自己的安全状况"一般"。在调查是什么因素对中小学生安全影响最大时：有47.2%的认为"社会上的不良风气"影响最大，再依次是"学校周边的不良环境"占19.4%，"交通安全"占15.3%，"交友的不慎"占6.9%，"上经营性网吧"占2.8%，"其他"占8.4%。

可见，加强和保护中小学生校内外安全是一个系统工程，一是必须要做到广泛宣传，让全社会都来保护中小学生校内外安全和关心青少年犯罪问题，特别是学校要担负起重要责任；二是广大家长要正确关心、引导、管好孩子，要教育孩子随时注意自身安全；三是中小学生要加强校内外安全知识的学习，做到有备无患，增强人身预防和安全保护意识。

校园内外安全问题已成为社会各界关注的热点问题。保护好每一个孩子，使发生在他们身上的意外事故减少到最低限度，已成为中小学教育和管理的重要内容。特别是那些缺乏辨别能力、行为能力和避险能力的小学生，更应加强校内外安全的教育与呵护。我们应该深刻认识到：孩子们的安全比天大，成年人的责任比山重。

为此，我们在有关部门和专家指导下，特别编写了本套《应急处置与安全自救》，主要内容包括交通、用电、防火、运动、网络、黄秽、赌博、毒品、诈骗、盗窃、暴力、灾害、犯罪、疾病等安全问题的预防管理与教育培养，具有很强的系统性和实用性，是指导广大学生和学校进行安全知识管理与教育的良好读本，也是各级图书馆收藏和陈列的最佳版本。

目 录

第一单元　校园防骗常识

第二单元　校园防盗常识

第三单元　校园防暴常识

第四单元　校外防护知识

第五单元　自卫防护技巧

第六单元　防骗防盗防暴主题活动

第一单元
校园防骗常识

校内诈骗主要手段

诈骗，是指以非法占有为目的、用虚构事实或隐瞒真相方法骗取款额较大的公私财物的行为。由于它一般不使用暴力，而是在一派平静甚至"愉快"的气氛下进行的，受害者往往会上当。提防和惩治诈骗分子，除需要依靠社会的力量和法治以外，更主要的还是青少年自身的谨慎防范和努力，认清诈骗分子的惯用伎俩，以防止上当受骗。

假冒身份，流窜作案

诈骗分子往往利用假名片、假身份证与人进行交往，有的还利用捡到的身份证等在银行设立账号提取骗款。骗子为了既能骗得财物又不暴露马脚，通常采用游击方式流窜作案，财物到手后即逃离。还有人以骗到的钱财、名片、身份证、信誉等为资本，再去诈骗他人、重复作案。

投其所好，引诱上钩

一些诈骗分子往往利用被害人急于就业和出国等心理，投其所好、应其所急施展诡计而骗取财物。某学校应届毕业生丁某为找工作，经过人托人再托人后结识了自称与某公司经理儿媳妇有深交的哥们儿何某，何某称"只要交800元介绍费，找工作没问题"，谁知何某拿到了介绍费以后便无影无踪了。

真实身份，虚假合同

利用假合同或无效合同诈骗的案件，近几年有所增加。一些骗子利用学校学生经验少、法律意识差、急于赚钱补贴生活的心理，常以公司名义、真实的身份让学生为其推销产品，事后却不兑现诺言和酬

金而使学生上当受骗。对于类似的案件，由于事先没有完备的合同手续，处理起来比较困难，往往时间拖得很长，花费了许多精力却得不到应有的回报。

借贷为名，骗钱为实

有的骗子利用人们贪图便宜的心理，以高利集资为诱饵，使部分教师和学生上当受骗。个别学生常以"急于用钱"为借口向其他同学借钱，然后却挥霍一空，要债的追紧了就再向其他同学借款补洞，拖到毕业一走了之。

以次充好，恶意行骗

有些骗子利用教师、学生"识货"经验少又苛求物美价廉的特点，上门推销各种产品而使师生上当受骗。更有一些到办公室、学生宿舍推销产品的人，一发现室内无人，就会顺手牵羊、溜之大吉。

假冒大学生，骗取银行卡

诈骗分子往往谎称要马上返校，但银行卡被自动取款机吞掉，借用同学的银行卡让其家人给其汇款等手法，目的是借机窃取密码，并将银行卡掉包，分手后即将银行卡上的钱取走。

招聘为名，设置骗局

随着学校体制改革和社会主义市场经济的发展，学校学生分担培养费的比重逐步加大。为了减轻家庭负担，勤工俭学已成为青少年谋生求学的重要手段。

诈骗分子往往利用这一机会，用招聘的名义对一些"无知"学生设置骗局，骗取介绍费、押金、报名费等。

某学校有几位学生家境并不宽裕，想自力更生，通过做家教来增加收入。于是他们为了尽快找到合适的家教，便通过所谓的"家教中介"机构联系了家教业务。

但是当满怀希望的学生们交了中介费后，拿到手的却只是几个供他们自己去联系的电话号码。打了对方的手机号码才知道，对方并不需要家教，或者联系迟了。

如此一来，家教的事显然是没戏了，但是想要回中介费是绝对不可能的。

骗取信任，寻机作案

诈骗分子常利用一切机会与青少年拉关系、套近乎，或表现出相见恨晚而故作热情，或表现得十分感慨以朋友相称，骗取信任后常寻机作案。

诈骗分子何某在火车上遇到了某学校正在回家度假途中的学生杨某。于是，何某便热情地和学生杨某交谈了起来。通过交谈，何某摸清了该学生的家庭和其他一些同学的情况。

在何某得知杨某的同班好友李某假期留校后，他便返身到该校去找李某，通过花言巧语骗得了李某的信任后，却受到了何某同学们的热情款待。

然而第二天，八个学生的寝室就被洗劫一空，而何某却不知何时不辞而别。

识别常见的诈骗术

假冒身份，流窜行骗

诈骗分子利用虚假身份、证件等与人交往，骗取财物后迅速离开。且诈骗地点，居住地点不固定。

投其所好，引诱上钩

诈骗分子利用新生入学，学生人地生疏、毕业生择业心切等心理，以帮学生找熟人、拉关系为学生办事为由行骗。

招聘为名，设置圈套

诈骗分子利用大学生家住农村、贫困地区、家庭困难等条件。抓住学生勤工俭学减轻家庭负担的心理，以招聘推销员、服务员等为诱饵，虚设中介机构收取费用，骗人财物。

以次充好，恶意行骗

诈骗分子利用学生社会经验少，购买商品苛求物美价廉的特点。到宿舍或私定的场所销售伪劣商品，骗取钱财。

假冒大学生，骗取银行卡

诈骗分子往往利用学生社会经验少，对人同情且极少设防的心理，以花言巧语实施哄骗。

虚请家教，实为掠"色"

诈骗分子利用假期学生担任家教之机。以虚请家教为名，专找女学生骗取女生的信任，骗财又骗"色"。

精心策划，网上行骗

诈骗分子利用学生上网时机，在网上用假名交谈一些不健康的内容。之后打印成文恐吓你：拿钱了事，不然就交××地处理进行威胁，诈骗财物。

形形色色的校园诈骗案

假冒身份进行骗钱

这是诈骗分子比较常用的诈骗伎俩,作案人常常是假冒学生或者学生的亲人、朋友等,以落难求援或者帮助他人的名义进行诈骗。

2005 年 4 月 3 日下午 3 时左右,广州某大学学生黄某在广州百货大厦三楼,被三名学生模样的人拦住问,"您好,借你的电话 IC 卡用一下好吗?"

得知黄某没有 IC 卡后,他们很不好意思地自称说是"北大"某学院的学生,来沿海地区考察掉队,不小心与老师失去联系,现在身无分文,并拿出自己的学生证给黄某看。

好心的黄某直接将手机递给了他们使用。等电话打完后,他们说教师现在在北京,明天过来接他们;今天有很重要的资料要从广州这面传达到北京,而资料都存放在计算机中心档案室内,需要花钱把它拿出来,希望得到黄某的帮助,并让所谓的老师打电话给黄某说钱会还的,让黄某不用担心。

于是,黄某信以为真,倾囊而出,借 5000 元给了三名所谓的"北大"学生。为了方便与黄某联系,三个所谓的学生还借了黄某的手机来用,第二天再一起归还。

在整个过程中作案人表现出极大的感激之情并努力从言谈中显示出自己的家境如何如何殷实等。事后,黄某才发现自己上当受骗。

拾物平分方式进行诈骗

这种诈骗手法比较老土，陈旧，但作案分子利用受害者的贪小便宜、财迷心窍的心理和特点实施行骗。这种诈骗方式极容易迷惑学生和心理单纯的青少年。

2005 年 7 月 6 日下午 4 时左右，学生王某行走在校园内，突然发现前面一名骑单车的男子身上掉下一个钱包。王某马上喊道："先生，你掉了钱包"。但是该名骑车男子充耳不闻，一阵风就不见了。

王某只好捡起钱包，这时，从旁边走来一名女子，要求打开钱包看个究竟，发现钱包内有一大块金条并附有一张 3 万元的发票。于是，该女子要求与王某平分金条，王某看到这么大块黄金，又有发票为证，自以为不会有诈，于是以 1.5 万元人民币换取该金条。事后发现该金条是假的，后悔莫及。

2007 年 9 月 9 日中午，在北京复兴门某大厦，刚参加工作的焦小姐吃完午饭，下楼打电话。她无意中看到地上有人失落了钱包。四周环顾一下，并无第二个人看到。于是她就把钱包捡了起来。初入社会的她哪会想到，这是犯罪分子事先就准备好的一个陷阱。

正在这时，一个陌生人不知从哪里出现了，说他也看到了钱包，要求二人平分。此时焦小姐看到钱包里的巨额现款，既紧张又兴奋，焦小姐正在左顾右盼犹豫不决时，犯罪团伙中的另一人又及时出现，他装作焦急之态找寻东西的样子。于是先前的犯罪分子立即表现出慌张的神色，并说，我们赶紧躲一下，别让失主发现了。焦小姐此时也没了主意。

这时犯罪分子利用焦小姐的心理特点，一把把钱包拿在手里，要求焦小姐以手机等物品交换。焦小姐想，手机也不值多少钱，情急之下，就把手机给了那人。那人把钱包丢给焦小姐，飞快地跑开了。还没等焦小姐回过神来，自己手里已经拿着钱包，殊不知就在她犹豫之际，犯罪分子已经将钱包"调包"。

等到焦小姐回过神来，再看包内，塞满了破旧报纸，才知上当受骗。而此时犯罪分子早已不知踪影。

以假手机掉包真手机的方式进行诈骗

这是社会上流行的一种骗术，该手段也渗透进了大学校园，使大学生深受其害，诈骗分子经常利用大学生思想单纯和贪图便宜等心理特点进行诈骗。

2005 年 10 月 13 日上午，某高校学生宿舍管理员秦某在学生区值班巡查，当他走到学生区某超市侧门时，旁边有一名矮个子中年人凑上前，问秦某："秦先生，你要三星牌带摄像头手机吗？很便宜的！才1600 元。"秦某不为利诱所动，马上向保卫处报案。

在报案时有一个高个子悄悄接近矮个子中年人，矮个子向高个子中年人手上塞了一样东西，高个子中年人立即向校园的门口方向逃窜。等接警人员赶到，马上将这两名嫌疑人带回保卫处调查。经询问，他们对到我校园内利用假手机进行诈骗的违法事实供认不讳，若受害人上当的话，马上用相同假手机调包真手机来骗取受害人的钱财。

假称学生突发车祸急需费用进行诈骗

近年来，针对外地学生家长进行的诈骗案件时有发生，给学生家庭造成巨大的经济损失。

2005 年 5 月 18 日，某高校学生小陈接到一陌生电话，对方谎称："小陈，你好，我是省公安厅的办案人员，因办案需要，你要关闭手机3 小时。"小陈信以为真，马上关机，作案人员自称某老师立即与小陈的家长通电话，称其子因突发疾病正在医院抢救，急需一笔钱支付抢救费用，当家人想与小陈联系证实时，小陈已经关机，救人要紧，家长马上向骗子的账户汇去人民币 2 万元。后来家长联系上小陈，才发现上当受骗。经了解，此类案件在广东轻工职业技术学院、广东商学院、广州体育学院等院校都曾经发生过。

以招聘为名设置骗局方式进行诈骗

随着高校体制改革和社会主义市场经济的发展，高校学生勤工俭学已成为大学生求学的重要手段，诈骗分子往往利用这一机会，用招聘的名义对一些"无知"学生进行骗取介绍费、押金、报名费等。

2005 年 9 月，某高校英语系大二学生小张在校园广告栏看到某信息咨询有限公司贴出的招聘广告后，决定应聘公司的兼职英文翻译岗位。经过简单面试，小张交了 200 元押金和咨询费，拿到一篇文章回去翻译。过了一个星期交稿时，小张得到了 30 元稿费，并又拿到稿件回去翻译。再过两周，小张致电公司准备交稿，可电话怎么也打不通，赶到公司，却发现办公室里黑灯瞎火，问大楼的保安，说公司搬走好几天了，去向不详，小张这才发现被骗。

以次充好的方式进行诈骗

诈骗作案分子利用学生对鉴别商品质量能力差、"识货"经验少又图便宜的特点，上门推销各种产品行骗。

近日，某高校学生小王在校园内散步，见到一名推销二手手提电脑的男人，对方称，因手头紧，欲将一台硬盘为 40G 的手提电脑以 2000 元的价格转让，小王想到手提电脑方便且价格便宜，当即要求对方拿出手提电脑进行一番鉴定，小王亲眼看见该款电脑的确是内存 256M 的奔腾四机型，经过一番讨价还价最后双方以 1500 元成交。回到寝室后，小王找来计算机专业的同学鉴定，经检查，才知道这台手提电脑实际内存只有 16M，并且是淘汰了多年的奔腾二机型。按照现在的市场价，只值 600 元钱左右，据分析，可能是骗子在出售电脑前通过技术处理将原始数据保留，并偷改了程序后弄成这样出售的。

以骗取信任方式寻机作案

诈骗作案分子利用一切机会与大学生拉关系，套近乎，或表现出相见恨晚而故作热情；或表现出大方慷慨而朋友相称，骗取信任，了

解情况，寻机作案。他们利用青年学生疏于防范，感情用事的心理特点进行作案。

2003年寒假期间的一天下午，某高校大学生杨某正在宿舍学习，突然一位自称是北大学生的王某造访，他说："请问同学，小明在吗?"此时小明同学已经回家了，杨某出于礼貌，说："小明回家了。""啊，我是他的老乡，多年不见面了，这次顺路来看他一下。"杨某主动与王某攀谈，双方谈得很投机，大有相见恨晚之意，杨某还带王某在学校里参观，王某欣然应允。由于天色已晚，就将王某留在宿舍过夜。第二天杨某醒来时，发现宿舍内一片狼藉，王某已不辞而别，宿舍内的现金及贵重物品被洗劫一空。

以消灾解难的迷信方式进行诈骗

诈骗是一种高智商的犯罪，作案人善于察言观色，揣摩施骗对象的心理需要，他们常抓住受害人急功近利、焦虑等心理需求，以帮助消灾解难等为诱饵，设计骗局，达到其行骗目的。

2005年5月某日上午8时左右，某高校教工邓某准备去肉菜市场买菜时，在老人活动中心附近遇到一名中年妇女，该名妇女声称自己儿子得了重病，打听附近一位年过百岁的神医，找他帮自己的小孩治病，这时旁边出现一位"家庭妇女"说，这里确有这样一位百岁神医，并愿意带他们去找神医。邓某觉得很神奇，于是跟随看个热闹。在去见神医的路上，那名"家庭妇女"巧妙地打听出邓某的家庭情况，同时悄悄打电话告诉骗子妇女丙。三人到了一幢楼下，从楼梯走出一名妇女丙，妇女丙说："我家公公今天不方便见客。"然后指着邓某说："我公公说，你家有血光之灾，你家人将遭到车祸等灾难，必须将家中的财物拿来作法化解，化解完后，我一分钱不要，将钱财都归还给你。"同时，警告邓某拿钱财时不能告诉家人，否则就不灵验了。邓某信以为真，回到家里偷偷将钱财拿出来，交于对方"作法"，骗子利用调包等方式，骗去事主邓某人民币7000余元和金银首饰一批，三名女

骗子拿到钱财后便逃之夭夭。

利用网络信息设局方式进行诈骗

随着网络的普及和高科技的发展，信息传播的速度和广度大大提高；由于网络信息的传播速度快，真假难以识别，犯罪分子利用这个特点，在网上设置骗局诱人上当。

2004 年 5 月，对于面临毕业的大学生小陈来说，今年 6 月的英语四级考试至关重要，如果这次考试他不能通过，按照学校的规定，就会拿不到学位证书。一直为考试发愁的小陈偶然听同学说，互联网上有人在卖四级考试的试卷，抱着试一试的想法，小陈在网上开始寻找，后来小陈花了 300 元钱在网上买了一份试卷，考试当天才发现自己上当受骗了。此外，一些诈骗分子还通过网络交友形式，对大学生进行骗财骗色，使学生蒙受精神和财物的巨大损失。

以手机短信形式进行金融诈骗

以短信"中大奖"的方式进行诈骗 这些是十分拙劣的诈骗手法，但作案人利用现代化的通讯工具大面积地"播种"，总会有人上当受骗。

2005 年 3 月 15 日，某学院本科生杨某，手机上接到一条短信："为庆祝本公司成立三周年，特举办抽奖活动，您被荣幸地抽中为二等奖，奖金 5.8 万元，联系电话 021 - 561298××"。杨某活了 23 年都没中过大奖，一下子中了 5.8 万元，兴奋不已。于是，杨某根据手机上留的电话号码拨打过去，对方说需交个人所得税 5000 元汇入被告知的银行账户上。不久，对方又来电话说还要交公证费 500 元，杨某又如数寄上。第三天，对方又来电话说还要寄邮费和保险费 800 元，杨某再次寄上，这时，他要交学费的钱已全部寄去了。杨某当时心里想 5.8 万元的资金支付 6300 元的费用还是值得的。可是，对方从此没了音讯，这下杨某才发现上当受骗。

以套取信用卡、银行卡资金方式进行诈骗 近期出现了诈骗分子利用手机短信实施金融诈骗的新方法，由于这类诈骗案手段迷惑性、欺骗性很强，已经有不少人上当受骗。

2005 年 4 月，某高校学生小宁的手机上接到一条短信，"中国建设银行提醒您：贵客户于 3 月 18 日在广百刷卡消费 5800 元整，我们将于结账日给予扣除。如有疑问请咨询：020 – 615584××。"

小宁心头一震，但疑惑胜过了担心。拨通咨询号码后，传来一个女人的声音："您好，这里是建设银行广州分行。"

"最近我没去过广州百货大厦，怎么会有那里的消费记录？"

"请问您的名字？我查询一下。"

沉默了几秒后，她迅速回答："查到了，你确实有消费 5800 元的记录。"

小宁焦虑地重申自己的确没有去过广百。

"您的身份证和银行卡是否丢失过？"

"也没有。"

"那只剩下一种可能了，建行工作人员泄露了银行卡信息。赶快向广州市公安局金融犯罪管理科报案吧！电话是 020 – 331672××。"

小宁拨通这个号码，话筒里传来一个男声，"您好，这里是金融犯罪管理科。"

小宁向他讲述了自己的遭遇后，他肯定这是严重的金融诈骗，并说："这两天，警方也在调查利用银行关系把客户资料泄密的犯罪。我们已经为您填写了备案单。如果有破案线索，会及时通知你的。"

这个男子同时提醒"为避免银行卡继续被消费，必须马上联系广东银联管理中心采取防护措施，电话是 020 – 889847××"。

最后这位"警官"叮嘱："如果你及时向银联报告，损失会由他们赔偿。"

小宁按照它提示的电话继续拨打，"银行管理中心"警告：小宁所有的银行卡可能都出现了问题。

"我们要为您刷新所有银行卡背面的二维码，再提供一个'安全账户'，银联就能通过计算机终端为您的银行卡消除风险。"

接电话的女子热情地说："你身上带齐银行卡了吗？找个自动取款机，然后再打电话给我，我教你操作。"

可怜的小宁按照"银联管理中心"的提示，将几张卡内的人民币共 17000 多元转到骗子的账户上，后来才发现被骗。

校园诈骗的新花样

利用电话、短信进行诈骗

犯罪分子利用大学生防范意识不强的弱点发送"点歌""中奖"等诈骗短信骗取学生高额电话费。更有甚者利用家长与学生联系不便的特点，假冒身份、编造假情况打电话或发短信给家长说学生发生车祸等意外事故，必须马上汇钱救治以诈骗学生家长。

推销假冒伪劣产品

一些行骗者利用学生"识货"经验少又苛求物美价廉的特点，偷偷潜入学生宿舍，推销各种产品而使学生上当受骗。

以招聘为名诈骗中介费

犯罪分子利用部分大学生急于找到工作或兼职的心理，假冒职业中介，向学生收取高额中介费。

以高回报为诱饵行骗

犯罪分子假冒公司经理，宣称招聘校园代理，利润丰厚，并以与市场较大的差额与学生签订销售协议。当学生交付订金后，方才发现货物有严重质量问题。在我校区，发生过少数在校学生加入传销组织后，又返回学校，以欺骗方式将老乡、同学骗入传销组织。

代购票证诈骗

谨防别人以代购车（机）票、办理各种证件、包车返乡等为名行骗。

以伪装的特殊身份进行诈骗

此类犯罪分子多打着社会上的能人、名流的幌子，抬高自己的身价，吹嘘自己对找工作、办事等"完全有能力"解决。

网络诈骗

诸如虚拟公司、虚拟购物、虚拟货币、过关游戏、网络中奖等，诱使学生进入圈套，谨记"馅饼"即陷阱。

校园诈骗新动向

社会上诱发性犯罪在刑事案件中的比例不断增多，由于我们同学步入社会的时间较短，自我防范意识薄弱，警惕性不高，给犯罪分子以可乘之机。我们总结了一些犯罪分子在学生中经常使用的骗局和针对其的防范措施：

手机短信骗局

犯罪分子通过某些渠道获取手机号码。发送例如：各类的中奖短信或者要求汇款至××账户的信息；或是你的孩子出了车祸（或其他类似事件）现在医院请速汇款×××至×××之类的信息；或者是以学校、学校老师的名义发送索要钱物的信息等以骗取财物为主要目的的信息。

这些信息的共同特点就是不会短时间内多次发送，往一些电话号码上回拨电话的时候很少有接听的，即便接听也是声讯录音或者是南方口音。同时，同学们在校期间要经常和家长进行联系，将班主任、学校老师和家长的联系方式相互告知，如遇长时间离校（一天以上）需将去向告知班主任及同宿舍同学。

招工骗局

在学校内和社会上我们经常会发现张贴着一些招聘信息的广告，其主要特点是工作时间灵活，薪酬较高，对面试者要求较低。主要针对的是大学生课余时间较多，同时希望能够提前接触社会，多增加些收入减轻家庭负担。但这类广告多是犯罪分子布置的骗局，他们主要就是利用学生的这种心理和社会经验较少的特点进行行骗，通过收取报名费，服装费，抵押金等等项目逐步地收取报名者金钱，在达到一定的目标后，便不再与受骗者进行联系，或者直接进行暴力的威胁。更有甚者会将受骗者拐骗到厂矿从事苦力劳动，或者进行违法犯罪活动。

面对此类广告，首先要有警觉意识，认真分析广告的可信性，一分付出一分收获，天上没有掉馅饼的事情。如果与对方进行联系，最好是有人陪同，同时告知班主任或者同学自己的去向及联系人的联系方式，如对方提出收费要求，不要支付或者签署书面承诺，因为正常的面试招工是不收取任何费用的。

迎接新生骗局

每年的 9 月是新生入学报到的时间，许多的新生都是自己来校办理入学手续，缴纳学费，一些犯罪分子就趁着这个时候进行犯罪活动。

代办入学手续。因为是集中报到，新生办理入学手续会比较拥挤，犯罪分子会自称学院老师或者高年级学生以帮新生代办手续的名义，将钱物拿到手中，随后趁机溜走。

一些犯罪分子会找机会与新生接近，然后以家中需要账户汇款，但一时无法办理当地银行账户的名义借其的银行卡和证件使用，并许以报酬，然后取走新生的存款。

犯罪分子与家长攀谈后，谎称可以帮助办理向名牌大学转学等手续，然后进行钱物的索取。

一些人冒充学校工作人员，以学校的名义强行向学生推销某种物品，骗取钱物。

以学校工作人员身份帮助新生看管行李拐取财物。

学校在新生入学报到期间，会安排专门的部门、老师及同学负责接待。学校的各系部都有专门的接待处和接待人员，有统一的着装特征和身份标识，同时工作人员不会单独地安排学生办理手续。学校除标注的收费项目（学费、书费、住宿费、保险体检费、校服费）外不会收取额外的其他费用。

校园诈骗案诈骗步骤

第一步

案犯假称来院找同学或朋友，打听该同学的系别或住处；之后再以手机没电或卡内无钱为借口，借用学生手机联系对方；随后又以对方手机关机为由，再借用学生手机联系其在家父母等亲人。

第二步

案犯以钱已用光或称行李被盗或称朋友急病住院为借口，要寄钱救急为由，向学生借用银行卡账号报给其亲人以便汇款（案犯有时还会许诺，可给予一定的报酬）。

第三步

案犯称钱已汇入账户，要学生多次在 ATM 机上查询（趁机在旁边暗记密码），再以账号是否报错为由，要学生拿卡来重报（用假卡调换学生银行卡）。

第四步

案犯以晚上银行网络已中断，或以有重要事情为由，明天再来，并提出借用手机一晚（以模型手机为抵押），引诱学生上当。

第五步

盗取学生手机、存款。

请同学们提高警惕，识别诈骗伎俩，小心受骗上当！

校园诈骗案的特点

校园诈骗案呈上升趋势，不少学生上当受骗。诈骗分子一般利用学生社会阅历浅、单纯善良、富有同情心的特点，或者利用学生家属急切的心理特点，来编造谎言，虚构事实或隐瞒真相等方法骗取他人钱财。给社会造成极大的危害性。具体概括如下特点：

作案人员特点：内外勾结，团伙作案

鉴于当前校园诈骗案分析，犯罪手段基本相同，属于诈骗团伙作案，案犯经常变换人员组合，内外勾结，虚构事实，专到各校园进行诈骗。

作案时间特点：多选择傍晚

因为傍晚在校园人员较少，工作人员下班了，人的警惕性较低，辨真能力较差，看物件较模糊，容易以假乱真，选择傍晚作案，且难以识别，易于潜逃。

作案手段隐蔽性、复杂性、多样性

诈骗分子伪装身份，利用花言巧语、编造谎言，虚构事实或隐瞒真相等方法、手段：以行李被盗、银行卡被吞或手机没电博取他人同情，以求帮忙，或以消灾治病，或以发生意外事故需急救其亲人（学生）或以分享钱财、调换外币等为名骗取他人信任，进行诈骗，达到目的。

具有反复性、易得手、潜逃快的特点

诈骗分子一旦得手，会在同一校园多次作案，进行反复行骗，而

且具有取证难、易得手、潜逃快的特点。

诈骗行为为违反国家法律、法规的行为

诈骗行为具体表现为违反国家法律、法规的行为，以非法占有他人财物为目的，具有违法性和严重的社会危害性，严重影响学生的身心健康成长和学生的学习、生活，扰乱社会经济秩序，具有社会危害性。

校园防骗的主要方法

受骗的原因

俗话说:"贪小便宜吃大亏"。在发生的诈骗案中,受害者都是因为谋取个人利益,贪占便宜,轻信他人,而上当受骗。犯罪分子就是抓住了这些人的心理特点,进行诈骗的。

"高攀门第"的心理 一些人沾染"拍马屁"的习惯,一见高级干部及子女的出现,就"顶礼膜拜、见之恨晚",这样很容易成为诈骗的对象。

"利令智昏"的心理 有些人见钱眼开、唯利是图、金钱至上真假不分,眼睛只盯在"钱眼"上,警惕全无。

"封建迷信"的心理 轻信"神""鬼""命运"。不相信客观实际,不懂装懂,轻易相信对方。

"崇洋媚外"的心理 贪图享受,追求国外生活,上当受骗。

防骗的方法

识破身份伪装 诈骗分子常常以各种假身份出现:国外代理商、××领导亲属、华侨、军官等。有时用"托"称来人是××首长乘坐××高级车等。遇这种情况不要急于表态,不要草率相信,要仔细观察,从言谈话语中找出破绽,辨别真伪。

识破手法变化 诈骗分子常常变换手法,如改变姓名、年龄、身份、住址等。此地用 A 名,换地用 B 名,而诈骗分子一身多职,时而港商、时而华侨、时而高干子弟、时而专家学者,但全是假身份。因

此要发现对方多变的现象，从中引起警惕找出疑点，识破其真面目。

注意反常　如果您对犯罪分子仔细观察一言一行、一举一动，就会发现有反常现象：别人办不了的事他能办到；别人买不到的东西他能买到；别人犯法他能担保等。这些与常规差距很大，虚假性就越大。因此对这些谎言，要冷静思考识破骗局。

当心麻醉剂　诈骗分子为了达到目的，有时也用害人本领，有时宴请、有时赠礼或投其所好，不惜花本，吃小亏占大便宜诱你上当。

主动出击，打破骗局　请你通过犯罪分子的讲话口音、交谈内容以及对当地的风土人情、地名地点，对社会的了解等识破其真面目；从犯罪分子的举止行动、行为习惯、业务常识、所谈及人的姓名、职务、住址、电话等，判断其真伪；从身份证中核实其人，并千万牢记"没有免费的宴席，天上不会掉馅饼"。这样就能防止或减少被骗。

在此，我们提醒大家：在日常生活中，要提高防范意识，学会自我保护；谨慎交友，不以感情代替理智；同学之间相互沟通、互相帮助；遇有不明问题，充分依靠组织、老师和同学；自觉遵纪守法，不贪占便宜。发现诈骗行为，及时报警。

校园防止上当受骗

上当受骗的原因

思想单纯，防范意识较差 在校大学生被骗取钱物，绝大多数是疏于防范，思想幼稚、单纯。

急功近利，贪图小利 受害者往往是被犯罪分子提出的"好处""利益"所吸引，这些人见"利"就上，对犯罪分子的所作所为不加深入分析，不做调查研究，结果只能落个"鸡飞蛋打"的结局。

有求于人，轻率行事 大学生容易被利用的心态是：想经商助学而缺乏经商实际经验；急于成名，爱慕虚荣而无戒备之心；想找到理想的工作而又缺少门路等。

因老乡观念而上当受骗 一些犯罪分子把自己打扮成本校或外校的大学生，利用同乡关系（编造出来的老乡）与你交往，以获取信任进而骗取钱财。

防止上当受骗的方法

不要相信手机上发来的"中奖""点歌"短信，最好的办法是不予理睬。

不要轻易在网络上留下自己详细的联系方式和个人基本情况，以防止被人窃取。

不要随意告诉任何人（特别是素不相识的人）自己家中的电话号码、手机号码或者其他联系方式。

不要随意告知陌生人自己的银行卡号、姓名及个人情况，不要将

自己的通信工具借给素不相识的人使用。

对行骗者提供的一些伪造证件，应当仔细辨别其真伪，防止受骗。

对于一些花言巧语、以利相诱的陌生人不要轻易相信。

对上门推销的物品，不要轻易购买，如签字笔、笔记本、相册等文具及笔记本电脑等物品，行骗者极有可能以伪劣产品欺骗学生。

毕业生求职或学生寻求兼职工作，应充分了解求职单位相关信息，签订相关协议，以防止上当受骗。

对介绍非毕业班学生到外地工作或看望朋友，要仔细辨别，防止陷入传销组织。

提醒家长不要轻易相信陌生电话或短信，更不要将钱打到不熟悉的账号或者银行卡上。

服从校园管理，自觉遵守校规校纪。校园管理制度是为了控制闲杂人员和犯罪分子混入校园作案，以维护学生正当权益和校园秩序，预防心怀不轨的外来人员进入宿舍，可以减少诈骗案件的发生。

校园诈骗的预防措施

提高防范意识，学会自我保护

社会环境千变万化，青少年必须尽快适应环境，学会自我保护。要积极参加学校组织的法制和安全防范教育活动，多知道、多了解、多掌握一些防范知识对于自己有百利而无一害。在日常生活中，要做到不贪图便宜、不谋取私利；在提倡助人为乐、奉献爱心的同时，要提高警惕性，不能轻信花言巧语；不要把自己的家庭地址等情况随便告诉陌生人，以免上当受骗；不能用不正当的手段谋求择业和出国；发现可疑人员要及时报告，上当受骗后更要及时报案、大胆揭发，使犯罪分子受到应有的法律制裁。

交友要谨慎，避免以感情代替理智

人的感情是主体与客体的交流，既是主观体验也是对外界的反映，本身应该包含合理的理智成分。如果只凭感情用事、一味"跟着感觉走"，往往容易上当受骗。交友最基本的原则有两条：

一是择其善者而从之，真正的朋友应该建立在志同道合、高尚的道德情操基础之上，是真诚的感情交流而不是简单的利益关系，要学会了解、理解和谅解；

二是严格做到"四戒"，即戒交低级下流之辈，戒交挥金如土之流，戒交吃喝嫖赌之徒，戒交游手好闲之人。与人交往要区别对待，保持应有的理智。对于熟人或朋友介绍的人，要学会"听其言，查其色，辨其行"而不能"一是朋友，都是朋友"。对于"初相识的朋友"，不要轻易"掏心窝子"，更不能言听计从、受其摆布利用。对于那些"来如风雨，去如微尘"的上门客，态度要热情、处置要小心，尽量不为他们提供单独行动的时间和空间，以避免给犯罪分子创造作案条件。

同学之间要相互沟通、相互帮助

在大学里，无论哪个学院、哪个专业，班集体总是校园中一个最基本的组织形式。在这个集体中，大家向往着同一个学习目标，生活和学习是统一的同步的，同学间、师生间的友谊比什么都珍贵，因此相互间应该加强沟通、互相帮助。有些同学习惯于把个人之间的交往看做是个人隐私，但必须了解，既然是交往就不存在绝对保密。有些交往关系，在自己认为适合的范围内适当透露或公开，更适合安全需要，特别是在自己觉得可能会吃亏上当时，与同学有所沟通或许就会得到一些帮助并避免受害。

服从校园管理，自觉遵守校纪校规

为了加强校园管理，学校制订了一系列管理制度和规定，制度，总是用来约束人们行为的，在执行过程中可能会给同学们带来一些不便；但是制度却是必不可缺的，况且，绝大多数校园管理制度都是为控制闲杂人员和犯罪分子混入校园作案，以维护学生正当权益和校园秩序而制定的。因此，同学们一定要认真执行有关规定，自觉遵守校纪校规，积极支持有关部门履行管理职能，并努力发挥出自己的应有作用。

巧识校园诈骗术

校园诈骗案时有发生，为帮助学生有效识别诈骗手段，远离诈骗，记者对学校各宿舍区进行了走访，对当前校园诈骗现象的手段、方式进行了调查。归纳起来，校园诈骗的类型主要有：利用上进心进行诱骗；利用好奇心进行撞骗；利用同情心进行欺骗。

利用上进心进行诱骗

大学生被誉为天之骄子，朝气蓬勃；对自己的未来充满了期待，除了努力学习专业知识以外，也在努力利用各种平台锻炼自己的综合素质。大学生常常利用课余时间及假期做兼职，一方面贴补生活费，另一方面也锻炼自己与人交往的能力。诈骗者会引诱大学生做其推销产品的代理，并向大学生们描绘一个"小投资、高回报"的美好前景。诈骗者很耐心、很"亲切"地鼓动大学生，直到说得大家都不想拒绝。

某大一新生，家庭条件并不富裕，为了能获得更多的兼职信息，就花了99元购买了一张"兼职卡"，结果却迟迟没有获得兼职信息。其他类似的学生得到了兼职信息，但是找很久都没有信息上提到的地点。更有甚者，辛辛苦苦去做了兼职，但是，干完活却没有拿到工资。

国庆节期间，两中年妇女进入德馨苑的某宿舍，向宿舍仅有的两名女同学推销兼职代理。借口是厂家为调查一些文具的销售情况，廉价批发给大学生一批文具，大学生可按市场价格进行销售，期限一月，在此期间的文具未卖完的可如数退还，所得利润归学生所有。因为价格十分诱人，还可以打发国庆节7天假期。所以，两位同学冒险订购了

价值二千五百元的货物。学生在没验货的情况下高兴地把"财富"背回宿舍。回到宿舍发现，产品数量不对头，总价值绝不超过五百元…

利用好奇心进行撞骗

年轻的大学生们充满着好奇心，对很多新鲜事物都想尝试。诈骗者利用学生的好奇心，推销时下流行的事物，并故意用一些学生听不懂的字眼描述推销的产品，或者编造故事，导致学生上当受骗。

某大学学生，突然收到一条短信息，说学生已经中奖，只需回复便可领取一个很精美的奖品。学生在没有提防的情况下，下意识地回复了信息。结果，手机里的话费瞬间消失。

2010年某天，一背包男悄然闪入一男生寝室，并神秘地关上门。之后据他自我交代，是一小偷，帮人出售电脑，但主要目的是想借此找到渠道出手自己在异地的一批"二手"自行车，当时男生寝室大多还没买自行车，对他描述的"好"自行车比较向往，但车在邻市，要的话可以运过来，但为了防止该寝室学生"告发"他，需要大家"绑在一条线上"，方法就是出抵押金，买它包里的几双据称"乔丹"纪念版篮球鞋，并称自行车在一周之内送到。该寝室男生凑齐几百元钱买了几双并不合脚的球鞋，苦等自行车，至今未果。

利用同情心进行欺骗

人之初，性本善。大学生们有着年轻人的热情，强烈的好奇心，同时也极富于同情心。诈骗者编造悲惨身世、绑架、交通事故、住院等名目博取大学生同情，进而进行诈骗。

火车北站公交站口，一个衣衫褴褛的人跪在地上，前面写着一行字：车上遇到小偷，钱币全部丢失，请好心人捐几块钱自己凑着回家。围观的人数众多，不知情的人想知道怎么回事。知情的人却在做起了自己的手脚，很多围观的人挤出人堆，却发现自己的手机或者钱包等贵重物品丢失了。丢失物品的人群中，很多都是大学生。

有的骗子自称医护人员，通过不明途径联系到学生家长，编造其

子女突遇车祸，处于昏迷状态，现正在医院抢救，急需用钱，要求家长立即通过其提供的银行账号将款汇来。某重点大学经贸学院 2003 年就有 4 位同学的家长先后收到此类信息，所幸家长及时和学生进行联系，揭穿了骗局。

提高防范意识，学会自我保护

大学从来不是孤立于社会而存在的。社会治安的日趋复杂，形形色色的违法犯罪分子都会在思想单纯、涉世未深的学生身上打主意，因此，我们要加强反诈骗意识，与违法犯罪行为作坚决的斗争，确保自己的人身安全。

大学生们要在日常生活中多学习法律法规，掌握一些预防受骗的基本知识和技能；对自己严格要求，不贪图私利，不感情用事，增强抵制诱惑的能力；保持清醒的头脑，认真审查对方的来历，观其行，辨真伪，三思而后行；不轻易向陌生人透露个人信息资料，做好自我保护。

第二单元
校园防盗常识

校园注意防盗现象

校园容易发生盗窃地方

学生宿舍 学生的现金、贵重物品、生活用品主要放在宿舍里，宿舍是最容易发生盗窃的场所。有些同学缺乏警惕性，安全防范意识太差，如：有的同学看到陌生人在宿舍里乱窜漠不关心，有的同学随便留宿外人或出借钥匙等。

教室、图书馆、食堂、操场、浴室等公共场所 学生的现金、贵重物品、学习用品放在书包里，书包放在教室、图书馆、食堂，人离开了，发生被盗。贵重衣服、物品在锻炼身体时放在操场；在洗澡时放在浴室的衣柜中，也容易被盗。

盗窃作案的主要手段

顺手牵羊 盗窃分子乘主人不备，将放在桌上、床上的钱、手表及文具等或者将晾晒在阳台、走廊中的衣服偷走。这种盗窃的手段，不用撬门，不用撬窗，非常方便，所以叫"顺手牵羊"。

溜门盗窃 盗窃分子乘室内无人之机房门未锁，溜进门来，将室内的现金、存折、信用卡、手机、照相机等贵重物品盗走。这种手段速度非常之快，甚至不到一分钟就可以完成。尤其是盛夏季节，夜间睡觉图凉快不关门，小偷趁机入室偷窃"浮财"。

窗外钓鱼 盗窃分子乘室内无人或室内人员睡觉之机，用竹竿、木棍等工具在窗户外边，将室内的衣服等物品钩走。

翻窗入室 盗窃分子乘窗户敞开之机，割破纱窗，进入室内盗窃。

×校曾有3次从窗户进入女生宿舍进行盗窃的案例。2004年3月8日凌晨3点，窃贼爬入3公寓女生宿舍楼208室阳台，因窗户封着无法进入，随后窜到206、210、212室进行盗窃，共盗走手机及充电器一部、衣服一件、现金93元。

撬锁入室 盗窃分子乘室内无人之际，撬坏门锁，入室盗窃。

先盗钥匙，再盗物品 盗窃分子乘人不备，在宿舍等处偷来钥匙，或在图书馆、教室、食堂等公共场所，先从书包中盗窃学生的钥匙，然后尾随学生认清他的宿舍，再乘宿舍无人之际用钥匙开门，进行盗窃。

除上述六类外还有偷配钥匙预谋行窃的，也有以找人卖东西等名义混入宿舍相继行窃的等等。

盗窃分子主要作案时间

盗窃是用不合法的手段秘密地取得他人财物。因而盗窃分子必然要回避人，尽量不让人发觉。一般来说，盗窃分子在作案时间上有如下规律：

上课时间 上课时间学生大都去上课，特别是上午一、二节课，

宿舍内几乎空无一人，是盗窃分子的可乘之机。

夏秋季节 天气炎热，许多学生敞开门窗睡觉，为盗窃分子大开方便之门。

新生入学、老生毕业之际 天南海北的新生，带来数千元的学费、生活费来到大学，对大学情况尚不了解，加上缺乏生活经验，警惕性不高，也是犯罪分子的可乘之机；老生毕业时，宿舍内进进出出的人较多，卖旧书、卖生活用品，收购废品的人也较多，学生忙于离校，警惕性放松，也容易发生被盗。

放假前后 放假前，学生忙于复习考试，精力集中在学习上。这期间家里寄来路费，学生手中的现金较多。放假期间，绝大多数学生回家，宿舍内人员很少，犯罪分子撬锁作案的比较多。

早操时间 早操时间一些同学不愿起床睡意朦胧时，给溜门盗窃分子提供了可乘之机。

校园盗窃方式及手段

纵观以往发生在校园的盗窃案件，可以看出盗窃分子在作案前或作案过程中往往有种种活动，供我们识别。

借口找人，投石问路

外来人员流窜盗窃，首先要摸清情况。包括时间、地点、治安防范措施等。往往以借口找人为由打探虚实，一旦有机会就立即下手。

乱闯乱窜，乘虚而入

有些犯罪分子急于得到财物，根本不"踩点"，而是以找人、借东西为由，不宜下手就道歉告退，如有机会立即行窃。

见财起意，顺手牵羊

有些偶然的机会，使盗窃分子有机可乘。看见别人的摩托车、自行车没锁，顺手盗走。趁宿舍内无人，将他人放在床上的钱物窃为己有。

伪装老实，隐蔽作案

个别人从表面看为人老实，工作、学习积极，实为用此作掩护，作案后不会被人怀疑。

调虎离山，趁机盗窃

有些人故意提供虚假"信息"诱你离开宿舍，然后趁室内无人行窃。

浑水摸鱼，就地取"财"

宿舍内发生意外情况或学校组织大型活动时，乘人不备，进行盗窃。

里应外合，勾结作案

学校学生勾结外来人员，利用学生情况熟的特点，合伙作案。

撬门拧锁，胆大妄为

不法分子趁学生上课、假期宿舍无人等时机，大胆撬门拧锁，入室盗窃。

学生宿舍防盗须知

宿舍内不要存放大量现金。若有大量现金应及时存入银行并加密；要妥善保管好存折、银行卡，要记住密码（密码不得告诉任何人，也不能让其他人很容易就猜到）；一旦发生存折、银行卡失窃，应及时报警，并及时到银行办理挂失（可先口头挂失）。

要妥善保管好贵重物品（如手机、MP3、电脑等），防止失窃。

要养成随手关好门窗、锁住门的良好习惯，特别是最后离开房间的人，一定要将门锁好、将窗关好。

要经常检查宿舍的门窗，一旦发现有损坏现象，要及时报告，请求及时维修。

要妥善保管好宿舍钥匙，不得随意放在窗台，也不得随意借给同学、朋友。一旦发生钥匙丢失，或者锁头有被破坏的现象，要及时更换锁头。

午休时最好要关好门窗，若实在想开门窗，必须提高警惕，要将手机等贵重物品放在别人不易发现、不易偷走的地方。

对闯进宿舍的陌生人，要仔细盘查，并向保安员、宿管员报告。

若听到有撬门声、撞门声，要主动探视。若情况特殊，要及时向保安员、宿管员报告。

一旦发现宿舍被盗，请不要擅自进入被盗现场翻动各种物品，应保护好现场，及时报警"110"，并向保卫处报告。

公共场所防盗须知

做到钱财不外露，不要在公共场所翻弄钱款，避免成为不法分子侵害的目标。携带现金较多时，宜分散存放在不易被他人看到或摸到的位置。

到金融机构提款时，应尽可能结伴前往，相互照应。清点钱款应在金融机构内，装钱款的包应斜背在肩上，尽可能搭车离去，不要步行或骑车，发现尾随跟踪、形迹可疑的人，应及时报警请求帮助。当有人在提款机附近游走或窥探时，不要在该柜员机提取现金。

不要一边走一边旁若无人地打手机，手机最好装进包里而不要挂在腰间或脖子上。不要将包放在自行车篮里或摩托车踏板上，骑车者应把包带绕在车头上。对两人合骑摩托车的异常情况要提高警惕，确认被尾随跟踪要及时到人多的地方报警。

如果身挂挎包，不要靠近机动车道或者是非机动车道，应尽量靠近人行道内侧行走，靠左边走时，挎包挂左肩，靠右边走挂右肩，并用胳膊夹紧或用手握紧。夜间外出的女性尽量不要携带大量现金或贵重物品，要避免独自去过于偏僻之处。对悄悄驶近的摩托车、小车要特别注意防范。若有人在身后打招呼，不要让包离开自己的视线，以免被抢走。

逛街时首饰不要暴露在外。出去逛街时，要注意保管好贵重物品，不将佩戴的首饰暴露在外面或将手机挂在胸前；外出购物时尽可能使用信用卡，不随身携带大量现金及贵重物品。

要注意根据"两名男子驾乘一辆无牌摩托车"这一特征，提防向你靠近或尾随跟踪的类似摩托车。

缴费时证件和现金分开保管。随着人们生活水平的提高，越来越多的私家车进入百姓家庭，交通规费和违章缴费是不可避免的。通常驾驶员带的现金比较多，而这里也是扒手的"重灾区"。记得要把证件和现金分开保管，切莫混在一起，同时在警察和保卫的视线内缴费，不让扒手有机可乘。

购物时要注意不看商品的人。大型商店和超市的扒手还是比较多的，要特别小心那些急匆匆跑过来买东西的人，他会故意冲撞买东西的顾客，利用大家未站稳的一瞬间，伸手去扒窃。此外，还要注意那些只注意看人不注意看商品的人，那可能是小偷在寻找猎物。

乘车时注意故意碰撞你的人。在拥挤的车厢里要保持警惕，市民们最好将手机拿在手上，把钱放在内衣的口袋上。注意上、下车时故意碰撞你的人。如果发现有人摸你的口袋，你要大声责问他："你要干什么？"以引起其他乘客的注意。如果被几个人故意围住，更要大声呵斥："你们想干什么？"如果对方不肯退让，可要求售票员和乘客帮助报警。

校园的防盗办法

盗窃,这一社会普遍现象,在高校中更是猖獗,给同学们的日常生活带来不便,对同学们的财产造成威胁。下面为你介绍一些防盗知识,同时也分享一些同学的经验与教训。

宿舍防盗

离开宿舍时,哪怕是很短的时间,都必须锁好门,关好窗。一定要养成随手关灯、随手关门、随手关窗的习惯,以防盗窃犯罪人乘隙而入。

不要留宿外来人员。大学生应该文明礼貌、热情好客,但不能讲义气、讲感情而不讲原则、不讲纪律。如果违反学校学生宿舍管理规定,随便留宿不知底细的人,就等于引狼入室,将会后悔莫及。

发现形迹可疑的人应加强警惕。作案人宿舍行窃时,往往要找各种借口,如找什么人或推销什么商品等,见管理松懈、进出自由、房门大开,便来回走动、四处张望、伺机行事,摸清情况、瞅准机会后就撬门拧锁大肆盗窃。遇到这种可疑人员,同学们应主动上前询问,如果来人说不出正当理由又说不清学校的基本情况,疑点较多,神色慌张,则需要进一步盘问,必要时还可以请他出示身份证、学生证、工作证等身份证明。经核实身份无误又未发现带有盗窃证据的,可交值班人员记录其姓名、证件号码、进出时间后请其离去。如果发现来人携有可能作案工具或赃物等证据时,可一方面派人与其交谈以拖延时间,另一方面打电话给学校保卫部门尽快来人做调查处理。

注意保管好自己的钥匙，包括教室、宿舍、书包、抽屉等处的钥匙，不能随便借给他人或乱丢乱放，以防"不速之客"复制或伺机行窃。如钥匙丢失，应及时更换新锁。

集体午休时插好房门，以防外人进入。若想开门窗，必须提高警惕，要将手机等贵重物品放在别人不易发现、不易偷走的地方。

教室（自习室）防盗

人离开图书馆、自习室等公共场所时把贵重物品随身带走，或交可靠的同学照管，以免被犯罪分子乘机窃走。

尽量不要在书包内存放大量现金和与学习无关的贵重物品，以减少别人的注意力。

不要用书包占座，尽量用没用的册子。

教室较空却有陌生人主动在身边就座时，应将书包放至身体内侧视线范围内，以免被顺手牵羊。

公共场合防盗

同学外出采购、游玩尽量不要携带大量现金和贵重物品。如带的钱款较多，最好分散放置在内衣袋里，外衣只放少量现金以便购买车票或零星物品时使用。

外出时，不要把钱夹放在身后的裤袋里。乘公共汽车时不要把钱或贵重物品置于包的底部或边缘，以免被割窃走。在拥挤时，包应放在身前。无论是吃饭购物或拍照时，包不能离身，至少不能脱离视线，以免因疏忽被人拎走。

用餐时，不要将自己衣服连同衣服内的现金披挂在靠背椅上；中途要上厕所或办其他事情，要随身携带好自己的皮包，不要留置在餐桌现场。

特殊物品防盗

现金是一切盗窃分子图谋的首选对象。最好的保管现金办法是将其存入银行。尤其是数额较大时，更应及时存入银行并加密码。密码应选择容易记忆且又不易解密的数字，千万不要选用自己的出生日期做密码。一旦存折、信用卡丢失很容易被熟悉的人冒领。同时如身份证与存折、信用卡一同丢失时，也很容易被人冒领。特别要注意的是，存折、信用卡等不要与自己的身份证、学生证等证件放在一起。在银行存取款或在自动取款机取款时要注意密码的保密。发现存折、信用卡丢失后，应立即到所存银行挂失。

目前，学校已广泛使用各种有价证卡，如买饭用卡、电话用各种卡。这些有价证券卡应妥善保管，最好是放在自己贴身的衣袋内，袋口应配有钮扣或拉链。所用密码一定要注意保密。在参加体育锻炼或沐浴时，应将各类有价证卡锁在自己的箱子里，并保管好自己的钥匙，一定不要怕麻烦。

自行车被盗是社会的一大公害，校园内也不例外。买自行车时一定要到有关部门办理落户手续。购买别人的二手车时一定要购买证照齐全的。自行车要安装防盗车锁，并按规定停放，养成随停随锁的习惯。骑车去公共场所，最好花钱将车停放在存车处。如停放时间较长，最好加固防盗设施，如将车锁固定在物体上。

发生盗窃案件的应对方法

立即报告学校保卫部门，同时封锁和保护现场，不准任何人进入。不得翻动现场的物品，切不可急急忙忙地去查看自己的物品是否丢失。否则，不利于公安人员准确分析、正确判断侦察范围和收集罪证。

发现嫌疑人，应立即组织同学进行堵截，力争捉拿。

配合调查，实事求是地客观回答公安部门和保卫人员提出的问题。积极主动地提供线索，不得隐瞒情况不报。学校保卫部门和公安机关有义务、有责任为提供情况的同学保密。

校园防盗基本方法

防盗的基本方法有人防、物防和技防三种。其中，人防是预防和制止盗窃犯罪唯一可靠的方法。人防首先是自防，中小学生自我防范意识比较差，没有多少防范经验，很多作案者都是利用了人们防范意识差和麻痹大意的弱点。

学校要经常对学生进行防盗和法制教育，不断提高学生的防范意识和法制观念，形成人人能自防、人人都能防的氛围。同时也要加强宿舍管理和门卫管理，宿舍和门卫管理松懈容易给不法分子可乘之机。物防，是一种应用最为广泛的基础防护措施。而技防，则是可即时发现入侵、能够替代人员守护且不会疲劳和懈怠、可长时间处于戒备状态的更加隐蔽可靠的一种防范措施，物防和技防能够比较有效地防范学校夜间的盗窃行为，最大限度地保护学校的财产。

对于学生来说，最重要的是保护好自己和同学的财物。这不仅是个人的事，而且也是全宿舍、全班乃至全校学生共同关心的大事。学生宿舍的防盗工作，要注意做到以下几点：

最后离开宿舍的同学，要关好窗户锁好门，千万不要怕麻烦。同学们一定要养成随手关灯、随手关窗、随手锁门的习惯，以防盗窃犯罪分子乘虚而入。

不留宿外来人员。学生之间不能只讲义气、不讲纪律。如果违反学校宿舍管理规定，随便留宿不知底细的人，很容易为人所侵，造成严重后果。

　　发现形迹可疑的人应加强警惕、多加注意。作案人到办公室和宿舍行窃时，往往会打着某种借口并趁机观察形势，一旦发现管理松懈，便会伺机行事。遇到这种情况，无论是同学还是老师都应主动上前询问，并请他出示相关证件，交由值班人员记录。如果来人神色慌张或左右支吾、闪烁其词，可一方面派人与其交谈，另一方面通知学校保卫部门尽快来人做调查处理。

　　要安排好办公楼和宿舍等部位的安全巡视，协助学校保卫部门做好安全防范工作。

　　注意保管好自己的钥匙及贵重物品。

　　对于学生来说，最重要的是做好教室和学生宿舍的防盗工作，保护好自己和同学的财物。对于老师来说，在上课和离校时要注意检查和保管好自己的贵重物品。这不仅是个人的事，而且也是身边所有人共同关心的大事。

校园防盗的措施

校园里的宿舍、教室、食堂、体育场、英语角等处属易发生盗窃案的地点，但民警发现，大多数学生被盗案件都是可防的，只要同学们提高防范意识，不给不法分子可乘之机就能有效避免盗窃案件的发生。

宿舍防盗　宿舍不锁门爱招溜门贼

溜门贼可能以不同的身份混入学生住宿楼，推门发现屋里有人时，他们会借口回避，一旦屋里没人，就迅速下手顺走手机、笔记本电脑、MP3 等。有些作案轻车熟路的老贼作案时根本不会惊动闷头睡觉或伏案写作的同学。

防范小招：门前挂风铃，用风铃的响动提醒同学们有人进出宿舍；经济条件许可的情况下，安装笔记本电脑锁，固定锁的两端，防止笔记本电脑"一抄就走"；将贵重物品锁进抽屉里。

不用生日当密码

为了方便记忆，一些同学将自己的银行卡密码设置为6个8、6个6、6个0或者干脆输入自己的生日，这样做是很不保险的。与同屋好友闲聊中透露银行卡密码就是自己的生日时，极易形成隐患。警方提示，尽量不要用自己的生日当银行卡密码，即使与好友闲聊也不能暴露密码内容。

酒瓶倒置防贼钻窗、溜门

一些同学为了纳凉晚上睡觉不关窗户，嫌疑人就趁机攀爬至阳台钻窗潜入宿舍行窃。警方提示，夜间睡觉最好锁好门窗，睡前要把笔记本电脑、相机、手机等贵重物品放到抽屉或书柜中妥善保存，窗台上、门后可以放置一个倒立的酒瓶或易拉罐，防止钻窗贼入室行窃。

教室防盗　贵重物品不离身

一些同学上课或自习时有边听 MP3 边敲键盘的习惯，等课间打水或上厕所时，同学离开教室却把笔记本电脑和 MP3 留在课桌上，这也给不法分子提供了可乘之机。

警方提示：笔记本电脑课间时携带不方便，因此尽量不要将电脑带进教室，如学习需要必须要带，最好把电脑装入电脑包随身携带，而像 MP3、手机等小物品一定要做到不离身。

食堂防盗　别拿书包占座位

学生食堂是校园里人员密集且复杂的场所之一，特别是中午和晚上就餐高峰时，学生占座的现象极为普遍。有的同学看见空座位就迫不及待把书包往座位上一扔就忙着到窗口排队去了，还有的同学只顾吃着可口的饭菜而把书包随意放在身后，因而极易发生拎包盗窃案。

从以往校园案件中，民警发现同学之间经常因占座发生纠纷，警方提示，同学们最好不要占座，由于校园餐厅绝大部分座位安排都是背靠背坐式，因此同学们在就餐时，要尽量把书包放在怀里，防止嫌疑人从背后行窃。

体育场防盗　看好你的小物件

有的同学喜欢边听 MP3 边散步或做一些舒缓运动，但看见其他同学踢球或打篮球时又非常愿意加入，此时，就把 MP3 或手机等随身携带的小物件放在自认为没人注意的犄角旮旯，结果丢失。

特殊易盗物品防盗措施

现金

现金往往都是盗窃分子作案的首选目标。保管现金的最好办法是将其存入银行。尤其是手头的现金数额较大时，更应及时存入银行。

银行卡的密码应选择容易记忆且又不易解密的数字，千万不要用自己的出生日期作密码，以防被熟人冒领。平时特别要注意存折、信用卡等不可与身份证等相关证件放在一起，以防被人盗走后冒领卡里的存款。在去银行存取款时，要事先环顾四周，看是否有可疑之人，尤其要留意身边的人。发现存折或储蓄卡丢失应立即挂失。

各类有价证卡

目前，大部分学校已广泛使用各种银行卡进行账目结算，学生无须携带大额现金来校缴费，校内不少设施也开始使用磁卡。这些有价证卡应当妥善保管，最好的保管方法是放在自己贴身的衣袋内，袋口应配有钮扣或拉链。所用密码不要轻易告诉任何人，以防身边不速之客。当卡需离身时，尽量存放在安全地带。

贵重物品

如手表、随身听等，较长时间不用的应带回家中。暂不使用时，应锁在抽屉或箱（柜）子里。寝室的门锁要牢固，易于翻越的窗户要加防盗网，门锁钥匙不要随便乱放或丢失。在价值较高的贵重物品上，最好做上一些特殊记号，即使被偷走将来找回的可能性也会大一些。

校园防盗宣传材料

为什么大学校园易发生盗窃案件

大学校园作为一个比较特殊的公共场所，不可能对外界完全封闭，很多校外人员可以自由进出教室、宿舍等区域，其开放性便决定了校园内流动人员的复杂性，而校园范围往往非常大，学校无法做到各个角落实时监控，这便给小偷们带来了极大的方便。

而很多学生恰恰缺乏必要的警惕性和安全防范意识，对保管贵重物品的重视度不够，所以经常是宿舍门打开，贵重物品随意摆放，发现被盗也没有及时报案。因此，犯罪分子频频把盗窃地点锁定在大学校园，并屡屡得手；而"内贼"则轻易尝到"顺手牵羊"的甜头，"黑手"伸出去后就一发不可收拾。

校园盗窃案有哪几个高发地段

寝室。我们大学里生活起居所需要的物品，几乎全部放在寝室里面，小偷必然乐意光临了。再加上大学生往往防范意识不够强，很容易让小偷有机可乘，去个洗手间不锁门，存着侥幸心理，然而一个贼溜门作案的时间大约只有2分钟，回来时估计就会发现自己桌上的手机、钱包，甚至笔记本电脑不翼而飞了。

此外，寝室的窗户开着通风，小偷便会趁寝室里没人或者都在休息的时候，悄悄地把放在靠近窗户的东西"钓"走。

图书馆、自习室。去图书馆想找本书看，上自习又难免打个盹、上个厕所，如果这时候你不留神，和你一起上自习的贵重物品就要遭

殃了。

食堂。进餐的高峰期人多混乱,在拥挤的人群中,同学们很容易被掏口袋,最易丢失现金、饭卡、手机等物。吃饭时,许多同学习惯把东西扔身边,如果专注于吃饭,一不留神就很容易被顺手牵羊地拎走书包。而有的同学甚至随手将手机放在餐桌上,饭后将手机忘在食堂,等再去找的时候,手机早就不见了。

操场。放学后很多同学喜欢到操场活动活动,比如打羽毛球、跳绳、跑步,或与其他同学和朋友一起踢足球打篮球,对同学们来说这是一件让人愉快的事,但是有的同学习惯地把书包或一些妨碍运动的物品,随手扔在操场边或看台上,这可是给顺手牵羊者行了大方便呀,造成了财产的损失,又影响了原本愉快的心情。

自行车棚。自行车棚虽然给骑自行车的同学带来便利,可有时候却成了他们的伤心地。这也是小偷喜爱光顾的地方,技术高超的小偷随便一撬自行车锁,就优哉游哉地把车骑走了,谁知道这车是不是他的?

校园有哪些可行的防盗措施

在宿舍区时,一定要注意离开寝室时,哪怕是很短的时间都必须把门锁好,关好窗,千万不要怕麻烦。一定要养成随手关门、随手关窗的习惯,以防小偷乘虚而入。

不要留宿外来人员。如果违反学校学生宿舍管理规定,随便留宿不知底细的人,就等于引狼入室,后果将不堪设想。

对形迹可疑的陌生人应提高警惕。作案人行窃时往往会找各种借口,如找人或推销商品等,见管理松懈、进入自由、门房大开,便来回走动、摸清情况、伺机行事,撬门拧锁大肆行窃之后又溜之大吉。遇到这种可疑人员,同学们应察言观色,如果来人神色慌张,形迹可疑,应及时打电话报警。

保管好自己的钥匙,不能随便借给他人或乱丢乱放,以防"不速之客"拿去配制并伺机行窃。若果钥匙丢失，记得及时更换新锁。

在图书馆或自习室时，一定要注意：人暂时离开座位时一定要把贵重物品随身带走，或交可靠同学保管，以免被小偷乘机窃走。

尽量不要在书包内存放大量现金和与学习无关的贵重物品，以减少别人的注意力。在人多杂乱的地方，不要翻点现金，以免被扒手盯上。同时，也不要因不放心而不时地摸放钱包的地方，这样同样会引起狡猾的扒手的注意。

在食堂进餐期间一定要把随身物品放在自己的视线范围内，这样既可以防止被顺手牵羊，又不容易把东西落在食堂。

如果是去走动，最好不要带背包等物品，如果实在需要，则最好让可靠的同学代为保管。

当发现财物被盗时该怎么做

如果发现存折、信用卡、汇款单被盗，应尽快到银行或邮局挂失。当发现寝室门被撬，抽屉、柜子、箱子锁被撬坏或被翻动，应立即报警，并保护好现场，不要进入寝室翻动现场的物品，切不可急急忙忙地去查看自己丢失了哪些物品。否则不利于公安人员准确分析、正确判断侦查范围和收集罪证。要如实回答公安、保卫部门提出的各种问题，实事求是地配合公安、保卫人员做访问笔录。积极向负责侦查破案的公安、保卫干部提供情况反映线索，协助破案。

面对小偷时，该如何应对

有的惯偷心狠手辣，我们要尽量避免和小偷当面交锋，应随机应变，避免不必要的伤害。在发现可疑人员时，应尽快报警寻求帮助。

第三单元
校园防暴常识

什么叫校园暴力

校园暴力包括发生在校内或者在学生的上学放学的途中，或者在学校组织的活动及其他所有与校园环境相关的暴力行为。

主要表现有：学生之间的暴力、教师体罚学生，或学生对教师施暴，以及校外人员对校内的师生施暴。

暴力方式包括躯体暴力（推、打、踢、撞及其他可导致疼痛、伤害、损伤的攻击行为）、言语或情感暴力（威胁、恐吓、歧视性辱骂等）和性暴力（各种形式的性骚扰、性侵犯等）。

该定义的性质和内容和以往常用者显著不同。过去常用两类定义：专指学生打架或教师体罚学生，局限于教育学领域。等同于"儿童欺负行为"，即承认它是不良行为，但单纯起因于双方力量的不平衡而表现出的"恃强凌弱"；换言之，它和其他暴力有别，只是儿童不成熟个性的反映，外在表现为攻击，内在动机却是自我保护的本能。

然而，伴随近年来全球暴力事件的普遍化、严重化，多数学者已经认识到：发生在校园或以其为媒介的社交群体内的欺负行为，实质上是暴力的前奏。因为既然"欺负"是力量强的一方在未受激惹情况下，对弱的一方进行的重复攻击，这就是一种非社会规范的、对他人的有意伤害。

在各种环境因素，包括家庭环境、校园环境和社会环境的影响下，该欺负行为可演化为有针对性的，不仅破坏教学秩序，干扰他人学习生活，而且导致身心伤害的严重事件。

　　青少年是校园暴力发生的高危人群。伴随青春期的迅速发育，体能的迅速增强，行为能力等各方面也相应提高。

　　但是，青少年有个最突出的性格特点，就是普遍的情绪不稳定，容易受他人蛊惑，加之同伴的影响力增加，还有与生俱来的叛逆心理、反权威、寻求独立等特征，青少年也最容易成为暴力的受害者，往往与此同时也是暴力的始作俑者。

　　学生是青少年的主体，其成长过程高度依赖于学校环境。探讨校园暴力行为的表现及其动机，采取有效的干预措施，预防其发生、发展，保障我国亿万青少年的健康成长有重要意义。

校园暴力的表现

学生之间的施暴行为

学生之间基本都是从鸡毛蒜皮的小事闹了矛盾时才开始形成对立。当矛盾激化了，便采取吵嘴架、攻击对方甚至大打出手等方式来解决矛盾，实际上更激发了矛盾。

有的同学报复心理很强，例如有时会因某位同学举报自己的不良行为，或因某句不经意间的玩笑、言语不合以及财物借贷等纠纷，抑或嫉妒他人的成绩等等这些，却采用暴力的方式对其他同学进行报复。

恃强凌弱，如对低年级学生、身体弱小者拳打脚踢；在校内外调戏、骚扰女生；索要钱财，不给就打，给对方带来巨大身心压力。

拉帮结派，聚众闹事，打群架。

使用残忍手段（用刀棍暴打、泼硫酸毁容等）导致对方死亡或伤残，是校园暴力最严重的表现。事件多属个体行为，但影响恶劣深远。

师生之间暴力事件

以往主要表现为教师体罚学生，教职员工对女生进行性侵害等。近年来，随着对教师暴力行为惩治力度的增强，这类行为明显减少。相反，教师因处理学生纠纷、评分等引起争议而遭学生围攻、殴打的事件却明显增加。各地报刊不时有教师与学生争吵，遭学生围攻，被殴打致伤残的报道。日本几乎每年都会发生中学生毕业典礼后集体对教师施暴的事件。

校外人员闯入暴力事件

近年来，校外人员闯入校内施暴的现象时有发生。有的严重危害了学校师生的生命安全，引起了有关部门的高度重视。主要表现为如下几点：

有的学生父母离异，却来到学校抢夺子女。

有的同学父母欠了别人的债，讨债人却来到学校将学生扣为人质。

还有因为教师管教学生不当产生了纠纷或者学生之间因某事闹了纠纷，家长怒气冲冲地来到学校与师生发生激烈的冲突。

流氓入校寻衅，调戏女生，破坏公物，收取"保护费"等。

还有一些患有严重精神障碍的人或者严重抑郁对社会心存不满的人，产生了报复心理，他们便把魔爪伸向了在校的中小学生，甚至包括幼儿园的孩子们。

校园暴力的发展趋势

近年来，全球校园暴力呈现以下流行特征：

每年死于他杀的学龄儿童少年约占 5~19 岁人群总数的 1%，其中直接死于校园暴力的比例持续上升。

除躯体暴力外，越来越多的国家将言语暴力、情感忽视等也纳入校园暴力范畴。据 WHO 对 48 个国家资料的统计，各种形式校园暴力的年发生率高达 60%。其中，言语暴力比例最高，达 48%；躯体暴力为 31%；性暴力为 20%；抢劫为 25%。

躯体施暴者 60% 来自同学，另外分别有 20% 来自教职员工和校外人员。

各类施暴者男性都多于女性，其中躯体暴力发生率男、女之比为 4：1；与男生好动、易冲动、处事不冷静、做事常不考虑后果等特征有关，受害者也以男生居多。

女生是性暴力的主要受害者，但小学男生受成年男子猥亵、性侵犯的现象也不容忽视。

暴力致命伤 42% 发生在学校建筑内，31% 发生于校园中，10% 发生于上下学途中，15% 发生于校外。教室、走道、厕所、回家路上多发，后两者是学校安全管理的薄弱环节，事件恶性度高。

校园暴力的后果符合伤害一般规律：死亡、伤残、受伤之比约为 1：25：1020。因此，预防校园暴力更多关注的应是那些虽未致死，但对身心健康造成不同程度的即时或深远伤害的群体。

校园暴力和人类许多行为不同。它并不伴随社会经济的发展、文明程度的提高而下降；恰恰相反，呈明显的普遍化、严重化趋势。以美国为例，二战前最多见的学生违纪行为是不排队、嚼口香糖、发出噪音、乱丢纸屑等。进入 20 世纪 80 年代后，吸烟、酗酒、吸毒、少女妊娠、躯体暴力等开始泛滥；近年来频发的校园枪击事件更令世界震惊。1997 年肯塔基州尤卡市希恩中学学生卡尼尔用大口径手枪连杀 3 名同学，伤 5 名。阿肯色州琼斯伯勒市 11 岁的戈登伙同一同学用枪扫射，当场打死 5 人，伤 10 人。美国校园史上最残忍的血案是发生于 1999 年哥伦拜恩中学的枪击案，死 13 人，伤 23 人。在对枪支实施严格管理的欧洲和澳大利亚，发生在校园中的暴力行为严重程度并不亚于美国。日本校园中以大欺小、动刀伤人的事件每年都在 2000 起以上。发生在非洲、东南亚一些学校中的帮派斗殴、侵犯女生、暴力伤害等事件也逐步上升。我国的校园暴力事件，严重程度明显较轻，但其危害不容轻视。

发生率高。中小学生躯体暴力事件的年受害率波动在 35% 左右，属世界中等水平。

言语暴力、情感忽视造成的学生心理不安全感相当普遍。

15～24 岁犯罪占全国刑事犯罪总数的 55%。每年非正常死亡学生约 1.6 万人，其中死于躯体暴力者比例逐步上升。近年来，一些校园暴力新的发展趋势令人担忧：施暴者明显低龄化。团伙性。受影视剧中"帮派""行会"影响，在校园中拉帮结派、斗殴打群架，致使暴力活动规模化、组织化，暴力事件复杂化、预谋化和智能化程度上升。恶性化。通常起因于小事，因丧失理智、一念之差而铸下大错，手段则比以往的小打小闹残忍，常导致严重伤害。

校园暴力的危害

身心伤害

校园暴力最显而易见的后果是不同程度的躯体损伤和残疾。然而，更严重的暴力伤害往往表现为心理上的"创伤后应激障碍"，简称PTSD。PTSD主要表现为易怒、焦虑、沮丧，学习效率低，成绩下降，甚至拒绝上学；突然沉默寡言、孤僻古怪；因无法承受压力而发生自伤、自残和自杀行为。美国某长期追踪调查发现，PTSD少年产生自杀意念者男、女分别为35.2%和31.7%，出现自残行为分别为5.7%和9.5%，都显著高于对照组。

丧失安全感

"马斯洛需求层次"中，生理需要层次最低，而安全需要层次最高。即使生理需要有充分保障，若无安全感，儿童就不能实现身心的健康成长。受到暴力欺负，极易产生挫折情境，丧失安全感，常表现为：

人际关系紧张，焦虑、抑郁水平高，缺乏自尊和自信。

经常处于被欺凌的恐慌

中，伴随紧张烦恼、焦虑等情绪反应。长期受欺凌，将产生持续的挫折行为，逐步固化。受害儿童从小接受恃强凌弱的暴力意识，导致他们有力量后去欺凌比他们弱小的人，甚至引发成年后虐待家人、儿女，或发生其他犯罪行为。

恶劣的社会影响

校园暴力破坏教学秩序，危害师生安全，使学生和家长对学校产生不信任感。暴力频发的学校往往吸烟、酗酒、物质滥用、性侵犯等事件也多见。美国许多家长为躲避校园暴力，宁愿节衣缩食，把孩子送到学费高昂的私立学校。日本在经济衰退、校园暴力猖獗的双重压力下，青少年自杀率猛增。频发的校园暴力事件直接导致生活质量下降，社会福利负担猛增，劳动生产率下降，对社会安定的破坏力很大。

校园暴力的预报因素

要对校园暴力采取有效的干预措施，关键之一是获得准确的基线调查数据。由于校园暴力行为本身的特殊性、敏感性，调查难度很大。所幸许多追踪、队列研究都证实，校园暴力和青少年健康危险行为之间存在着非常密切的关系。

男生的酗酒、逃学、打架、携带武器或打斗用具，女生的人际关系差、低自尊、成绩不良、家庭约束力低、焦虑情绪等，都和校园暴力行为存在高相关。

许多危险行为之间存在密切相关，突出表现在个体的多发性、群体的集聚性等方面。美国经常携带刀具上学的青少年，80%以上曾醉酒，60%左右曾经或正在吸毒，84%曾在校内外打过人，其中多数人有突出的"以暴制暴"心理动机。因此，目前越来越多的国内外学者倾向于将一些青少年健康危险行为作为校园暴力的早期预报因子，通过问卷调查了解行为表现，早期发现高危者，监控其暴力倾向并及时干预，预防校园暴力事件发生。

但是，青少年健康危险行为调查并不具备万能的预报作用，原因是：

问卷所发现的主要是各健康危险行为之间的伴随关系，而非因果关系。

问卷只描述行为的发生，无法了解其动机。

受试者认知水平越高，被问及违犯社会规范的暴力问题时，防御心理越重。施暴者常极力寻找理由以漏报行为，或将自己扮演为无辜者；受害者则为获得同情而多报，易导致问卷一定程度的失真。

青少年特殊的心理过程常导致行为的偶－突发性。攻击性强、屡犯纪律而被公认的"问题"学生，不一定引发恶性暴力；少数表现平常的学生中，也会出乎预料地发生并导致严重后果，弥补措施有两种方法：

结合问卷所提供的信息开展纵向调查。为克服其费时费力、样本不易稳定等弱点，可先建立纵向研究模式，然后分段进行交叠式横向研究以提高研究效率。

直接以校园暴力结构问卷为基础进行调查，在此基础上建立预测模型，逐步、多次进行观察和检验。无论采用哪种调查方法，都应在调查基础上开展针对性干预；干预本身就是一种深入调查；无后续干预的调查实际意义不大。

校园暴力结构问卷的框架组成通常是：各类躯体暴力、言语暴力、性暴力、自我伤害、情感虐待与忽视的报告率和频次。暴力发生地点。暴力发生时间。施暴者的构成比。伴随的其他健康危险行为。暴力应对方式：是反抗、事后报告、求助、躲避还是忍气吞声？采取求助方式：告诉同学、教师、父母、报警，还是忍气吞声、不了了之？事件的躯体影响，如伤害的性质、严重程度、损伤部位，是否致残等。事件的精神影响，如各种心理－情绪障碍、不安全感、学习兴趣和人际交流变化、是否产生自杀意念和行为等。无论采用上述何种调查，都应掌握以下基本技能：

在知情同意基础上，按目的抽样方式发放问卷。原则上采用匿名填写方式，若需署名，应做好充分动员。

统一按国际规范定义，从校园暴力的不同角度，用清晰明了的语言设计询问指标。

为了解受试者对校园暴力的危害性认识和反应，可涉及相关的知识、态度指标，但主要目标应是行为。

尽量明确地区分施暴者和受害者。凡施加或遭遇 1 次或以上暴力事件，即为 1 例施暴者或受害者。设计者必须明确，调查校园暴力的主要目标不在于行为的发生是否频繁、重复。一次暴力也是暴力行为，不会因此而改变性质。若将偶然、少量发生的行为排除，易人为降低调查的客观性。

有明确的时间界定，如"过去 1 年内""以往 30 年内""最近 7 年内"等，保障资料的可比性。

结合使用报告率（发生率,%）、发生频次（次/人）、构成比（%）等指标，综合反映暴力的程度、性质和后果。

简明扼要加入性别、年龄、学校类型、家庭结构、父母文化程度等社会人口学指标。利用这些指标来分类剖析校园暴力行为所受到的社会经济、家庭背景、生活环境等影响因素有重要作用。

校园暴力的产生原因

校园暴力行为是青少年"内"（身心特点）、"外"（环境）因素综合作用的结果。其中，家庭—学校—社会三联屏障的作用缺失、偏离往往起核心作用。

家庭

不良的家庭环境和不正确的教养方式是暴力行为的温床。现代社会家长工作压力大，生活节奏紧张，缺少时间和孩子沟通，父母角色弱化，亲子关系疏离。他们虽然重视教育子女，但多沿袭传统的强制模式；一种是显性的"棍棒式"强制，出于过高期望，整天催逼孩子拿高分，成绩不理想就非打即骂；另一种是隐性的"温柔式"强制，百般溺爱孩子，全权代他们选择学业、兴趣和爱好。

尽管方式不同，但都使青少年处于不堪重负的附属地位，由此自然产生逆反心理，以违背父母意愿的方式行事，注重于享受越轨行为带来的快感。还有些家长自身素质低，满嘴粗话，家庭暴力不断，使孩子在耳濡目染中形成动辄拳脚相加的习惯。

近年来离婚等家庭变故增多，使许多青少年生活在单亲、重组家庭内，承受着心灵创伤，产生偏执、冷漠、好斗心态，成为引发许多校园暴力行为的根源。

学校

"重智轻德"的应试教育依然在许多学校占主导地位。沉重的学习负担抹杀了青少年的个性，厌学情绪普遍。成绩不良又有违纪行为的

"差生"，被同学当做"坏蛋"加以歧视。即便没有教师的威逼，每次考试的排名和讲评也足以让他们抬不起头来。若他们用违纪方式来发泄，学校会用"开除""勒令退学"等简单行政手段将他们推向社会。流失生、辍学生成为校园暴力的校外滋扰源；仍在校内的"差生"则出于自我保护本能而走到一起，或和校外流失生合伙，或为"瓜分地盘"打群架。他们使用暴力手段来对付同学、教师和学校的目的中，报复并从暴力中寻求刺激和满足的成分很大。

社会

社会因素在更深层次上揭示校园暴力的根源：

我国正处于社会转型期。在新旧经济体制转化过程中，违反社会规范的色情文化、拜金文化、暴力文化、帮伙文化（"亚文化"）乘机滋生。在经济利益驱动下，宣扬色情淫秽、凶杀绑架、犯罪团伙的影视作品屡禁不止。极端利己的价值观、哥们儿义气的友谊观、及时享乐的人生观、不劳而获的幸福观、称雄图霸的英雄观等被当做人生真谛宣扬，成为校园暴力的重要催化剂。

在"亚文化"影响下，青少年酗酒、滥用药物、不良性行为等危险行为的发生率呈上升趋势，对校园暴力起推波助澜作用。

和大多数国家一样，我国对未成年人犯罪的惩罚力度相对不足；只有犯罪后的少年劳教等"马后炮"措施，暴力（尤其校园暴力）预警机制不足，对受害者保护力度不足，导致许多本可消灭在萌芽状态的恶性事件发生。

青少年身心特点

青少年身心发展中呈现的一些特点，使他们易成为校园暴力的高危人群：

有自主判断能力，但易冲动，判断事物不客观，处理问题带情绪，自控能力差，易受情境影响。

独立意识建立，期望别人把自己看成大人；爱出风头，喜欢逞强，希望充当伙伴崇拜的"老大"。在该心理驱使下，易以暴力挑衅来获得成就感，满足虚荣心。另一些青少年则相反，心理脆弱，自我防护能力差，受暴力侵害时选择忍气吞声，"受点皮肉之苦可消灾"，助长校园暴力行为的滋生蔓延。

自我意识刚形成，易出现自我同一性和社会角色的矛盾冲突。此时青少年最需要的是精神支持，能使自己看到希望。然而，他们从小到大，无时无刻不处于有形/无形竞争压力下；加上其他方面的困扰，压力日积月累，精神得不到松弛调整，思想苦闷，易把压力转向对他人和社会实施攻击。

有强烈的伙伴集团倾向。这些集团容易在不良头目带领下发展成反社会团伙，"有福同享、有难同当、为朋友两肋插刀"，发展帮派成员，为扩大地盘打群架，成为团伙暴力的根源。

不良人际交往的负面影响大。青少年特别关注人际关系；交往中扮演好自身角色，有助于建立良好、稳定的人际关系；缺乏交往技能，则难以和别人沟通，不能愉快相处，易出现孤独、彷徨等情绪问题。此时出现暴力倾向的可能性很高。

伴随自尊的发展，特别爱"面子"。一旦交往受挫，便封闭自己，因孤独感、嫉妒心理而诱发报复，甚至演变成故意杀人。"差生"自认"低人一等"，对他人心怀嫉妒；破碎家庭子女缺少温暖环境，自卑心强等，格外易将所有的挫折和批评（即使明知是善意的）都当成是对自己人格的"诋毁"，从而激发强烈的暴力行为动机。

校园暴力的预防和干预

WHO 专家倡导的"社会生态学理论"是迄今为止较理想的预防校园暴力的理论模式。干预通常分步实施：

全面了解青少年个体的健康危险行为（包括暴力倾向）表现。

利用该模式分析家庭、学校、社会等环境中的危险因素及其相互作用。

从三级预防角度出发，针对这些危险因素分别制定预防措施。干预的核心是建立学校—家庭—社区三联屏障。

校园暴力的初级预防

初级预防的措施作用于暴力行为发生前，目的是控制心理—社会病因，防患于未然。整个过程需要家庭、学校、社区的共同参与和密切配合。家庭应做到：

创设温馨的家庭环境，多和子女相处，充分沟通，满足亲子情感需要，让孩子从小建立安全感。

提高家长自身素质，消除家庭暴力，建立平等协商机制。

从小进行是非、品德、纪律教育，让孩子在日常生活中学会正确鉴别自身言行，增强约束力；养成宽容、理解的好品质；正确处理与同学的矛盾、争执和纠纷。

多和学校积极沟通，了解孩子在校学习生活情况。发现孩子与他人的矛盾时，帮助其通过正常、理性的渠道解决，不护短，不推波助澜。

面临家庭破裂危机时保持冷静，消除"战争"；妥善安排孩子生活，尽力减少负面刺激。

学校应做到：

彻底摆脱应试教育阴影，提倡素质教育，发挥所有学生特长，给予他们充分受关注、被接纳机会。

加强校园安全管理。根据需要组织校卫队，维护治安。

通过心理辅导。排解自卑、孤独、嫉妒等心理问题和自暴自弃、怨天尤人、偏激等不良情绪，提高承受力。

组织丰富多彩的文体活动，将学生从不良娱乐场所吸引回来。

加强教育法制建设，保护学生权益；不随意开除劝退学生，防止其辍学和流失到社会。

对教职员工进行师德教育，做到教书育人、管理育人、服务育人，使学校形成良好育人环境。

社区应做到：

加强枪支弹药、酒精、违禁药物管理。

清理校园周边的歌舞厅、网吧、迪吧等青少年易聚集商业单位，营造良好环境。

联合社会团体，形成威慑力，坚决抵制社会上传播的暴力色情影视作品、渲染暴力的"纪实文学"、追求轰动效应的新闻等。

经常提醒家长注意引导孩子观看的影视、网络内容，避免接触渲染暴力的内容。方式切忌简单粗暴，以免反向强化青少年对暴力的猎奇心理。推广积极向上的社区活动，取代不健康的课余活动，减少暴力隐患。

预防校园暴力的学校健康教育。健康教育本身就是一项低投入、高效益的干预措施，内容应由以下4部分组成：

认知暴力。从什么是暴力、暴力的表现形式开始，介绍暴力的危害性和其他青少年健康危险行为之间的相互关系；进而通过普法教育，帮助青少年在培养良好道德品质的同时，知法、懂法、守法，建立牢固法律意识。

安全教育。具体传授抗暴御辱的方法。如：迷路怎么办，遇到坏人怎么办，遭遇暴力袭击怎么办等，尤其应重视培养个体独立应对突发事件的能力。

人际交流技能。怎样在日常生活中以积极态度与人交往，以诚恳、谦虚、宽容态度对待他人，控制情绪和解决矛盾冲突的技巧，怎样建立和保持友谊，怎样正确和异性交往等。

生活技能教育。指导学生正确认识自身，充分发挥自身能力；学会正确的拒绝方法；发挥创造性思维来解决问题、避免暴力的能力等。应传授运用法律途径保护自身权利的技能，不采取"以暴制暴"的错误方式，更不能以"以德报怨"的怯懦方式屈服于暴力威胁。学校卫生工作者必须清醒意识到，教育不是万能的，必须和依法惩戒结合；对个别屡教不改的"害群之马"，尤其是那些躲在暴力事件背后的成年教唆犯，应加大打击力度，不能心慈手软。严打击发生在青少年身边的"弱肉强食"行为，对预防校园暴力事件发生有重要的心理震慑作用。

本类健康教育在我国刚刚起步，无论教学内容和方法都亟待改进。如：

目前尚缺乏系统的理论基础。欧美通行的"和平解决冲突与暴力预防课程"，将校园暴力预防干预建立在社会认知理论基础上，内容包括对潜在暴力危机的判断，是逃避还是面对；欺负行为动力学和解决冲突的技巧；怎样通过非打架途径来宣泄愤怒等。美国斯坦福大学医院编制的青少年暴力预防程序也很有效。应学习这些经验，尽快建立符合我国国情的健康干预理论体系。

尽量采用参与式教育方法，动员青少年主动参与。

重视知识宣教，更应重视传授防范、生存技能，以提高预防教育的针对性和有效性。

校园暴力的二级预防

二级预防包括在校园暴力事件发生前，及时发现隐患和苗头；通过干预，及早将其消除在萌芽状态，同时将所造成的伤害减少到最低限度的全过程。

并非所有青少年在出现故意发动的校园暴力事件前，都有预示性表现。但父母、教师和与他们密切相处的伙伴只要具备一定知识，就能从以下表现中发现一些早期性警告信号：

过去有攻击、违纪行为史，此时重现以往异常情绪，如沉默、社交障碍、孤立、拒绝、受迫害感等。

注意力、学习效率、学习成绩急剧下降。

无法控制愤怒情绪，如在胡乱涂鸦和图画中显示暴力；对些许小事反应异常强烈；破坏财产；寻找武器；有强烈自杀意念和企图等。

原本具有的健康危险行为超常规表现。女生常见者如吸烟、吸毒、无自尊、与父母冲突、离家出走；男生常见者如酗酒、吸烟、药物滥用、逃学和打架。无论男、女生，吸烟、酗酒、打架等的频率与暴力伤害之间存在明显的剂量—反应关系。因此，二级预防应以学校和家庭为重点范围展开，采取以下步骤：

对学校相关人员进行危机干预培训，提高校园暴力预防意识。

发现、识别早期警告信号，对可能出现的暴力倾向进行预测评估。

学校建立干预小组，并和家长充分沟通。

对高危青少年进行心理矫治，提供指向性干预。

校园暴力的三级预防

三级预防指暴力事件发生后立即采取行动，力争将伤害损失降低到最低限度。措施包括：

启动应急机制，确保学生远离危险；从公安、司法机构获得及时支援；建立有效联络系统，落实个人的危机干预责任；进行院前急救、急诊和治疗。

　　正确处理惨案余波，如帮助父母理解孩子对所受暴力的反应，消除恐惧反应；必要时接受精神卫生咨询；协助性侵犯受害者接受检查，防治性传播性疾病；指导受害者寻求公安、司法等后续帮助。

　　根据受害者状况，提供必要的护理、康复服务，尽力减轻暴力导致的损伤和残疾。

　　帮助师生接纳改造后的施暴者（包括来自少年劳教机构的）回校，真正实现社会回归。

学生怎样预防校园暴力

对于学生来说，有以下几点：

注意自身

认知校园暴力。从什么是校园暴力、暴力的表现形式开始，进而通过法制教育，在培养良好道德品质的同时，知法、懂法、守法，建立牢固法律意识。同时要在日常生活中以积极态度与人交往，以诚恳、谦虚、宽容态度对待他人，控制情绪和解决矛盾冲突的技巧，建立和保持友谊。

谨慎结交朋友

最好让父母了解自己的交友状况。选择正当的休闲活动，勿涉足不良场所（如：电子游戏室、台球室、卡拉 OK 歌舞厅、网吧等）。

有任何困扰、纠纷时，应与师长、家长讨论或要求可信任长辈的协助，必要时可交由警方处理。要正确运用法律来保护自身权利，不要采取以暴制暴的错误方式，更不能怯懦地屈服于暴力威胁。

要知道校园暴力的加害者不会自行停止加害行为，反而会食髓知味，所以在受害之后，应主动告知老师、家长或报警，寻求解决之道。

要注意思想安全

也许不少同学会认为，安全只是指身体的安全甚至是肢体的健壮和不受伤害；认为只要自己的肢体健全、行动自如那就叫安全。其实不然，这绝不是安全的全部。即便是一个具有健全体格的人，如果他的思想道德水平低下、明辨是非能力不强、糊里糊涂攀兄弟、结姐妹；

还有不明不白逞义气、惹事端，喜欢随波逐流，总希望班级、学校出点乱子。这表现出来的就是思想上的安全问题。

比如校园内频频发生的打架事件、同学间以强凌弱的抢钱事件等等，这些事件也是校园中现实存在的安全隐患。不难想象，个别同学有了这样不安全的思想，要平平安安地一辈子做好人，那是很难的。

再者，一个具有健全人格的人，如果他沉溺于不良书刊和网络游戏的精神鸦片，天天吸、处处吸，甚至课堂上忍不住要走神，思之想之；放学后，不按时回家好好学习，却找出各种理由泡网吧熬个通宵；如果他过早地迷恋于少男少女的缠绵悱恻，无端寻愁觅恨、痴痴狂狂，甚至争风吃醋结恩怨，冲冠一怒为红颜。这表现出来的就是行为上的安全问题。

有了这样不安全的行为，要踏踏实实地读好书，一帆风顺地读到头，那也是很难的。无论是人身安全还是思想安全，抑或是行为安全，它们都有一个共同的特点，那就是一旦发生事故，结果非常残酷，轻者伤及身体，重者可危及生命，后果不堪设想。

因此在同学们的成长历程中，思想安全比其他的安全更为重要。特别是科技高度发达的今天，各种不良诱惑在校园内外不断地侵蚀着未成年人还没有完全成熟的心智，所以，同学们一定要把主要的精力投入到学习中来，要有一定的抵御诱惑，明辨是非的能力！什么校园暴力、网络游戏、早恋、吸烟等等这些不良的行为千万不要涉足！

在校园安全问题中，思想安全、行为安全都是至关重要的，特别是思想安全更不要忽视。

同学们如果碰到校园暴力事件应如何应对呢？如果是遇到抢劫，千万不要害怕，首先要保护好自己的身体不受抢劫分子的侵害，可以暂时把钱给他。这时，如果抢劫的不是学校的同学，你一定要记住抢劫你的这个人的体貌特征。最后，向学校报告、向公安机关报案。这里同学们千万注意，如果你被抢劫了，一定不要息事宁人，更不要逆

来顺受,人家要多少明天你接着给,那样只能是不断损害你自己的切身利益同时也助长了这些抢劫分子的嚣张气焰。因此一定要及时地向家长、学校报告,向公安机关报案。只有这样做,才能切实保护自己的合法权益不受侵害。

如果你看到别的同学被抢劫,由于同学们的年龄还小,还是未成年人,我们不需要你们直接地与抢劫分子搏斗!我们要求你们要记住抢劫分子的体貌特征,并以最快的速度向学校报告或者向公安机关报案!这样我们一样是见义勇为!

学校如何预防校园暴力

法制教育是学校教育不可缺少的手段，也是防范、抑制校园暴力的一个重要手段。坚持聘任法制副校长制，把法制教育融入思想政治之中，将法制教育融入课堂。针对学校出现的问题，请法制副校长给学生上法制课，要及时召开家长会等等，形成学校、社会、家庭共抓共管的良好局面。其次，要加强学校周边环境的治理，为学生创造健康氛围。学校应加强对学生的安全组织教育和安全保卫工作，提高学生自身防护能力，对于有严重不良文娱生活的学生更应积极引导，切不可听之任之，最终酿成大祸。

我国青少年学生普遍存在的不良现象：

打架斗殴

一般都是因为一些小小的矛盾，甚至是多看几眼就大打出手。根据我国的法律规定，打架斗殴的，如果情节轻微没有严重后果则使用治安处罚法予以治安处罚（罚款、拘留）；如果情节严重造成严重后果则依据刑法规定以聚众斗殴罪处罚，聚众斗殴罪是指为了报复他人、争霸一方或者其他不正当目的，纠集众人成帮结伙地互相进行殴斗，破坏公共秩序的行为。犯本罪的，对首要分子和其他积极参加的，处三年以下有期徒刑、拘役或者管制；有下列情形之一的，对首要分子和其他积极参加的，处三年以上十年以下有期徒刑：多次聚众斗殴的；聚众斗殴人数多，规模大，社会影响恶劣的；在公共场所或者交通要道聚众斗殴，造成社会秩序严重混乱的；持械聚众斗殴的。某校的李某，是一名高中生，由于与邻班同学发生纠纷后，就纠集同班同学三十多人将邻班同学五人打致重伤，其中一人被打成植物人，这是一起典型的聚众斗殴罪。最后，李某被判有期徒刑七年。

学生侮辱、恐吓老师

学生侮辱、恐吓老师，甚至是带社会人员来威胁、恐吓老师和寻衅滋事罪。某中学一名学生上课时迟到，老师不允许他进教室之后，该学生即公开指名道姓公然侮辱并恐吓他的老师，扬言要对老师"见一次打一"、要老师自己"考虑后事"。这样的话，口口声声自己是"缴了学费"的，所以自己是"消费者"，学校全体老师们是靠他"养活"的，要全体老师"感恩"，甚至带社会上的"哥们儿"来威胁、恐吓老师等等。尊师重教是中华传统美德，我们决不能让不良学生恣意破坏。从法制史的角度看，清朝时殴伤老师是"十恶不赦"之罪，应当凌迟处死。但是从现在来说，侮辱、恐吓老师将受到治安处罚。如果他和社会青年在学校中公然辱骂、殴打老师，行为升级，则可视为寻衅滋事罪。寻衅滋事罪即是指在公共场所无事生非，起哄闹事，殴打伤害无辜，横行霸道，破坏公共秩序的行为。

我国《刑法》第二百九十三条规定：有下列寻衅滋事行为之一的，破坏社会秩序的，处五年以下有期徒刑、拘役或者管制：（一）随意殴打他人，情节恶劣的；（二）追逐、拦截、辱骂他人，情节恶劣的；（三）强拿硬要或者任意损毁、占用公私财物，情节严重的；（四）在公共场所起哄闹事，造成公共场所秩序严重混乱的。

学生参与赌博

一种是在校园内集众赌博。据调查，学生赌博现象很严重。某县城某中学学生在宿舍内赌博，赌到没有钱后，就有另外的同学"放块"（即是高利贷）给他继续赌。据说"放块"生意还非常红火，有时一天就能"放块"三四万元，很快就能收回四五万元了。第二种就是在校外或电话、信息赌博。

根据调查，这种赌博多数是赌球。曾有学生一个星期内就赌输了八千多元，被人多次讨取，最后找到这位学生的父母要钱，父母欲哭无泪。这种赌博隐蔽性较大，只需要一个电话或一条信息就可以进行了，但是危害性更大。

根据《治安管理处罚法》第70条规定：以营利为目的，为赌博提供条件的，或者参与赌博赌资较大的，处五日以下拘留或者五百元以下罚款；情节严重的，处十日以上十五日以下拘留，并处五百元以上三千元以下罚款。

《刑法》203条的规定处以刑罚：以营利为目的，聚众赌博，开设赌场或以赌博为业的，处三年以下有期徒刑，拘役或者管制，并处罚金。有下列情形之一的，依照《刑法》203条的规定从重处罚：（一）具有国家工作人员身份的；（二）组织国家工作人员赴境外赌博的；（三）组织未成年人参与赌博，或开设赌场吸引未成年人参与赌博的。所以，同学们千万不要参与赌博，也不要去观看，免得沾染上不必要的麻烦。

盗窃和故意毁坏公私财物

在校园里的不良现象还有盗窃和故意毁坏学校或同学财物。我国《刑法》第264条规定，以非法占有为目的，秘密窃取公私财物，数额较大或多次盗窃的行为是盗窃罪。一般处三年以下有期徒刑、拘役或者管制，并处或者单处罚金；数额巨大或者有其他严重情节的，处三年以上十年以下有期徒刑，并处罚金；数额特别巨大或者有其他严重情节的，处十年以上有期徒刑或无期徒刑，并处罚金或没收财产；盗窃金融机构，数额特别巨大的或盗窃珍贵文物，情节严重的则处无期徒刑或者死刑，并没收财产。听到这里，有的同学可能会想到多少叫做数额较大？江苏省规定1000元为较大起点，即是偷别人1000元就要追究刑事责任，被判3年以下有期徒刑。不满1000元的，则要被拘留或者送劳动教养。还有就是故意毁坏公私财物。我国《刑法》第275

条规定：故意破坏公私财物，数额较大或有其他严重情节的，处三年以下有期徒刑；数额巨大或者有其他严重情节的，处三年以上七年以下有期徒刑。所以，在此劝告同学们不要因一时的意气用事，而以身试法。

早恋

据一些初中年级的校长、班主任反映，近年来，我国初中学生谈恋爱的人数每年都在不断增多，进入高中，就更多了。有的学生从初中一年级就开始谈恋爱，他们似乎还很老练，一直持续到高中毕业。有不少恋爱学生一块儿骑着自行车去上学，去兜风，去游玩，俨然一对"小夫妻"。在学校里，在班上，互递纸条，互通信件，互通电话，这已是小事了。晚上，休息日双双上肯德基、上酒楼也很多。还有的是避开家长私自相聚，现在一些学生家庭条件很好，房子又多，孩子一谈恋爱就可以到别处住房幽会、聚头，甚至过夜。但是，早恋是一朵不结果实的花，不仅如此，早恋还对学生的学习和生活造成了很大影响，我们必须认清早恋的危害，时刻敲响警钟。早恋有以下几个方面影响到我们学生：

影响学习和生活。早恋者往往以恋爱为中心，以对方为航向，感情为对方所牵制，学习没有不分心，成绩没有不下降的，许多早恋者两人交往虽然很隐蔽，之所以最终还是被家长、老师发现，主要的原因就是学习成绩下滑引起家长的注意，追问之下，道出实情。

早恋更容易使人受到伤害。青少年态度还不稳定，恋爱中容易产生矛盾，心理上不成熟、脆弱且耐受力差，容易在感情的波折中受到伤害。有的青少年因早恋受挫怀疑人生，怀疑是否有真正的爱情，给自己的感情生活投下阴影，影响成年后的婚姻生活。

早恋者容易出现性过失。青少年性意识萌发，对异性欲望强烈，容易激动，感情难以自控，行为容易冲动，容易凭一时兴致而不计行为后果，从而出现一些越轨行为，如未婚性行为、未婚先孕，这些行

校内外 **学生防骗防盗防暴的管理与教育**
XIAONEIWAIXUESHENGFANGPIANFANGDAOFANGBAODEGUANLIYUJIAOY

为一旦出现，会让当事者羞于见人，担惊受怕，即使当时不觉得怎样，但日后给她们造成的挫折感、自卑感是无法用语言来形容的，对成年后感情生活的影响，往往也是难以弥补的。

早恋极难成功，由于早恋的盲目性和不成熟性使早恋者极少走向婚姻的殿堂。父母、学校的干预，两人感情的裂痕，升学、转学、工作等太多的因素都使早恋这个不健康的婴孩中途夭折。他山之石，可以攻玉，从别人的现状想到自己的结局，早恋者悬崖勒马，亡羊补牢。当然，以上所说的，只是极少数的一些同学，希望我们能以此为鉴，千万不要涉足其中。

预防校园暴力侵害事件

　　校园，本该是一方净土，文明的殿堂。然而，近来，校园暴力事件时有发生，有老师打学生的，有学生打老师的，有学生打学生的，也有校外人员进入校园行凶闹事的，给宁静的校园蒙上了一层阴影。人们忧虑地发现，原本应该用美好、纯真等词来形容的花季少年，却越来越多地与暴力、喋血、行凶等词联系在一起——也许我们早一点意识到，早一点给他们以更多的关心和温暖，早一点了解他们的心理状况，那么也许结果就不会是这样了。

　　众多青少年犯罪的案例，专家们分析：符合以下几种情况越多的青少年越有可能出现暴力犯罪行为。

流浪学生危害校园

　　一些流浪学生多半没有得到良好的家庭教育，在校又因成绩差而受到冷落，过早地流浪社会和一些不良社会青年混在一起。这些同学一旦自己受点委屈就勾结校外的社会青年对同学进行殴打报复。

性格严重内向

　　性格严重内向一般会导致与他人交流产生障碍，而从心理学的角度来说，与他人交流、向外界发泄自己的情绪，有利于人的心理问题自我调节。而由于自身性格过于内向，不喜欢或者难以与其他同学、老师、家长交流，而使所有事情全部压积于内心，久而久之，容易造成看待其他问题过于偏激，而且一个人自身承受压力的程度是有限的，长久无法得到释放，一旦爆发极可能产生非常冲动的后果。

家庭不和睦

一个温暖幸福和睦的家庭，无疑会对孩子的成长起到极好的影响；而一个冰冷分裂残缺的家庭，对孩子的心理极易产生不良影响。不少有暴力倾向的学生，家庭生活都不幸福，心理学家认为，家庭暴力是造成校园暴力的根源。家庭暴力有两种方式：一种是显性的，即"棍棒式的强制"；另一种是隐性的，即"温柔的强制"。它们都会给孩子带来心理压力。此时如果再遭遇父母离异、家庭"战争"、极度贫困等负面刺激，就很容易形成一种"攻击性人格"。

喜欢虐待小动物

毫无原因地喜欢虐待小动物，这种日常行为表现，体现出性格中存在的缺陷。天性残忍的人并不多，属于极为少数的人群，他们在虐待动物过程中感受到一种身为强者的快感；而大多是后天由于某种原因或刺激造成的，比如本身性格懦弱，经常受到同学的取笑、老师的轻视，为了证明自己"勇敢""大胆"，进而采取过分残忍的手段，从而造成心理扭曲。

好胜心理转变为好斗心理

一般情况下，好胜应该是一种督促进步的心理状态，但由于有些同学性格孤僻，好胜心转变为好斗，绝不服人，进而发展成为了对比自己条件好，或者学习等某方面比自己更强的同学的强烈嫉妒心理，从而可能对这些同学采取暴力行为进行发泄。

个人英雄主义，崇拜偶像

许多同学都有英雄主义情结，崇拜影视作品中那些"除暴安良"的英雄人物或者是"以暴制暴"的强者，幻想自己也能像他们一样强大，能控制局面，受别人尊敬崇拜。而影视作品中的"英雄人物"经常以个人英雄主义的姿态出现，所有问题都是自己解决，而且绝大多数都是以暴力行为或者被迫以暴力行为来解决问题。影视作品中夸张、浪漫的英雄形象在现实生活中是无法做到的，所以，只能升华为学习、

工作的功力，切不可生搬硬套。

极其喜欢刀具等危险器械

许多男生感觉刀具武器等非常具有男人气质，看它们或玩它们时，能感受到一种男子汉的自豪感。大多数男生都玩过刀枪玩具，但当他们开始认为具有威胁性的真实武器更有吸引力时，可能就存在潜在的暴力倾向了。

刚愎自用，不接受他人意见

由于性格上的原因，加上周围环境的影响，使得有些同学性格非常孤傲，听不进去别人的意见和劝说，甚至不能接受老师和家长的批评，逆反心理非常强，旁人提出不同意见，就情绪激烈，越说反抗情绪就越强烈，甚至因为一点小问题的不同意见，就怀恨在心，找机会报复。

拉帮结伙，讲兄弟义气

不少同学称兄道弟，拉帮结伙，如果有人欺侮了"他们的人"，那就是和整个团伙过不去，要讲兄弟义气，一个人被欺侮了，其他人当然不能坐视不理，于是义愤填膺，集体出动，要为兄弟报一箭之仇。崇尚拉帮结伙，讲兄弟义气的同学，一定要有清醒的认识，要明白什么才是真正的互相帮助、同学友情。

做事不考虑后果，缺乏对法律的认识

有的同学考虑问题过于钻牛角尖，做事不多考虑，认准了一点就无法想到其他问题，想不到可能导致的严重后果，做了以后才会发现问题的严重性，但往往这时候后悔已经晚了。现在的许多孩子在一些问题上，比如恋爱等方面，非常早熟，但在健全思维方式、多角度考虑问题、对法律的了解上，却往往表现得非常幼稚。

对于青少年犯罪增多，有关专家指出，其原因就在于我们的社会制造了这个"创伤症候群"。专家说，目前的应试教育属于淘汰教育体制，学生一旦被教育淘汰，就丧失了一切接受基本道德观念、法律知

识的机会。而社会又是"一元化"选择，只要没有大学文凭，孩子的成长、就业机会就少得可怜，也就会被社会淘汰。被双重淘汰的孩子因此成为受歧视的群体，心理产生挫败感是必然的，更可怕的是他们心中还会产生严重的反社会倾向，反过来报复社会。而根据犯罪心理学的观点，犯罪分子通常会选择比其弱势的群体作为侵害对象，因此，未成年人的侵害对象往往都是同龄人。

施暴学生同样是受害者。他们一旦过早染指恶习，接受了"拳头硬"的道理，尝到了弱者好欺的滋味，日后的成长必然令人担忧。不难想象，其步入社会后很难会严格遵循法律、秩序，依然信奉暴力则难免头破血流，祸害社会，毁了自己。而对受害学生来说，受辱经历无疑是一场梦魇，很容易留下永久的伤痕，就像胎记一样，难以磨灭、抚平，并进而严重影响到成年后的心理健康和健全的性格体系。

另外，教师对学生的暴行也不容忽视。某些教师的不当教育、不良言辞会给年幼的学生造成厌学情绪和绝望般的压力。

预防校园的暴力伤害

主要是指在校学生之间、学生与社会其他人员之间、师生之间发生在校园内及校园周边的具有敌意的欺凌、体罚、伤害等性质的暴力行为。由于校园暴力行为的施暴者和受害者多数是青少年在校学生，并且暴力行为发生在校园内或校园周边，因此大家习惯称其为校园暴力。校园暴力包括行为暴力、语言暴力和心理暴力。行为暴力在校园暴力现象中最为普遍。行为暴力主要指包括打架斗殴、敲诈勒索、抢劫财物等一系列对人身及精神达到某种严重程度的侵害行为。

向校园暴力说"不"

频频发生的校园暴力打破了校园里原本属于我们的宁静与和谐，为了不让校园这方净土成为另一个"江湖"，为了不让我们的"花季"变成"花祭"，我们要坚决向校园暴力说"不"！

不崇拜暴力文化，要形成正确的价值观。

不参与校园暴力。树立正确的是非观念，坚决不充当校园暴力行为中的帮凶。

注重心理的健康发展。要保持乐观的心态，主动与他人沟通，解决各种困难和问题。

加强自身的法律意识和法制观念。施暴者法律意识淡薄，对法律无知，这是校园暴力产生的另一个主要原因。我们要学法、懂法、守法。既要以法律来规范自己的行为，也要以法律来保护自身的合法权益。

保护自己，关注他人

安全第一，预防为主。校园暴力的发生通常有两个原因：一是同学间因口舌之争或其他原因的肢体冲突。二是为了满足自身的私欲而引起的争执、事端。预防争执和事端应做好以下两点：

与同学友好相处。有的同学遇到矛盾时，不愿意吃亏，认为忍让就是没了面子失了尊严，最终只能使得矛盾不断升级，不断激化。我们应该宽宏豁达，不应为一丁点儿小事僵持不下，斤斤计较，甚至拳脚相加，做出降低人格的事情。

避免自己成为施暴者的目标。我们平时不要随身携带太多的钱和手机等贵重物品，不要公开显露自己的财物。学校僻静的角落、厕所或楼道拐角都是校园暴力的多发地带，我们在这些地方活动时尤其要注意，最好结伴而行。

养成善于观察的好习惯。多留意身边发生的事，很多暴力事件的信息可以从校园同学间的交流中得到。为了保障我们自身的人身安全，避免施暴人对我们打击报复，我们可以通过电子邮件的形式匿名报告。预防暴力重于应对暴力，而这一切需要我们共同参与。

应对暴力，临危不乱。如果我们无法避免危险的发生，那么，在危险发生的时候，我们一定不要惊慌！保持冷静、清醒的头脑是制胜的关键。我们应克服心里的恐惧，积极地去解决问题或者本能地保护自己。

遭受语言暴力时的自救。应对语言暴力，我们通常可以采取以下方式：

一是淡然处之。二是自我反省。三是无畏回应。四是肯定自己。五是调整心理。六是法律维权。

遭受行为暴力时的自救。如果被攻击者殴打，我们该怎么办？

一是找机会逃跑。二是大声呼救。三是借助一些小动作给自己寻找逃跑的机会。四是求饶。求饶不是懦弱的表现，是减少伤害的策略。

五是如果以上退路被攻击者截断，那么应双手抱头，尽力保护头部，尤其是太阳穴和后脑。

在人身和财产双重危险时，应以人身安全为重，舍财保命，以免受到更激烈的伤害。

及时报告，以法维权

由于校园暴力事件的随机性，许多同学对其产生了恐惧和焦虑。一些同学不敢把事情告诉家长和老师，更不敢报警，甚至警方破案后也不敢出面作证，成为"沉默的羔羊"。忍气吞声往往会导致新的暴力事件的发生。

自己或发现他人遭遇紧急情况时，一定要在第一时间向家长、老师或警察求助，采取最有效的救助措施。

要应对暴力，我们必须增强五个意识：

第一，要有依法的意识。违法行为是不受法律保护的。

第二，要有强烈的自我保护意识。

第三，要有方法和策略意识。在力量悬殊的情况下，切记不能蛮干。

第四，要有见义勇为、见义智为、见义巧为的意识。在保护自身安全的前提下对他人实施救助。

第五，要有强烈的报告意识和证据意识。及时上报并注意搜集证据，以便在需要的时候出示。

我们一定要记住：当自己的安全受到威胁时不轻言放弃，当他人的生命遭遇困境需要帮助时，在确保自己安全的情况下，尽自己所能及时伸出援助之手。

被歹徒盯上的自我防护

当一个人独行，特别是夜间独行时，遇到歹徒强抢该怎样进行自卫呢？

1. 应了解不同层次、不同职业人员的特征，善于观察和识别坏人，要有危险意识。

2. 镇静不慌。面过强抢的歹徒，虽然吃了一惊，但应使自己很快平静下来，镇静不慌，对歹徒进行观察，看对方是单人行抢，还是群伙抢劫；是手持凶器，还是赤手空拳；是彪形大汉，还是青少年。根据对方的实际情况，采取相应措施和对策。

3. 如在路上遇到陌生人尾随，应想办法跑到人多的地方，或者躲避到单位、居民家。

4. 如果只是被歹徒盯上，应迅速向附近的商店，繁华热闹的街道转移，那里人来人往，歹徒不敢胡作非为；还可以就近进入居民区，求得帮助。

5. 如果被歹徒纠缠，应高声喝令其走开，并以随身携带的雨伞和就地拣到的木棍，砖块等作防御，同时迅速跑向人多的地方。

6. 纠缠拖延。如果歹徒手持凶器或膀大腰圆,与他拼是拼不过时,便应采取种种办法,拖住他,等待行人路过,一起捉住歹徒。当他要钱时,可故意与他讨价还价,他要钱包全部钱,你就"苦苦哀求",让他给自己再留下一些钱;他要抢你物品,你就说这物品不能给,可以给他点钱。

总之,跟他磨嘴皮子,拖住他,寻找时机,一旦有路人通过,便可大喊捉贼,从而捉住歹徒。

7. 能跑则跑。如果自己体力不错,身上没有重物,当歹徒拦截强抢时,便可迅速跑掉,边跑边喊,一呼行人相助,二吓歹徒。

8. 奋力相搏。如果自己会点武术,或是身体强壮,面对强抢的歹徒,就要严厉训斥,压住对方的气焰,让他知道自己不好收拾。然后看准时机,奋力与歹徒相搏。

能战胜歹徒,就捉住他送到公安机关法办,如难以取胜,可在拼搏中寻找时机,积极脱身。由于做贼心虚,歹徒往往惧怕反抗者,更怕与其拼命者,对这样的人他往往会弃之而逃。

9. 记下特征。遇到拦路抢劫的歹徒,可以将身上少量的财物交给歹徒,应付周旋,同时仔细记下歹徒的面部特征和身体特征,如脸型、嘴、眼、鼻特征,身高、胖瘦、衣服样式、颜色,说话口音、年龄……记住这些特征,在歹徒离去后应立即就近报告公安机关,以便为公安机关破案提供重要线索。

10. 遭到坏人绑架、劫持、伤害等暴力侵害时,要大声呼救,并根据情况决定是否反击。如果坏人过于凶狠,一般不要与其硬拼,这时要镇静、机智地与之周旋,以寻找机会脱身并报警。

11. 如果遇到凶恶的歹徒,自己又无法脱离危险,就一定要奋力反抗,免受伤害。反抗时,要大声呼喊以震慑歹徒,动作要突然迅速,打击歹徒的要害部位,在此过程中要不断寻找机会脱身。

12. 及时报案。歹徒强抢后,有时还威胁受害人不准报案。作为

受害人，则不要有任何顾虑，应迅速地到公安机关报案，越快越好。在报案时，除了向公安人员陈述歹徒的特征外，还要详细地说明案发地点、时间，以及被歹徒抢走的物品、款项等。

13. 应切记，不到迫不得已时不要轻易与歹徒发生正面冲突，最重要的是要运用智慧，随机应变。

总之，遇到问题、遭遇侵害时，一定要及时与家长、老师、公安机关取得联系，并采取上述必要的应对方法，不能缄言不语，屈服于恶势力。否则，犯罪分子的气焰会更加嚣张，就会有更多的人面临危险。

面对歹徒时的自我防护

一、义正词严，当场制止

当你受到坏人的侵害时，要勇敢地斗争反抗，当面制止，绝不能让对方觉得你可欺。你可以大喝一声："住手！想干什么？"，"耍什么流氓？"从而起到以正压邪、震慑坏人的目的。

二、处于险境，紧急求援

当自己无法摆脱坏人的挑衅、纠缠、侮辱和围困时，立即通过呼喊、打电话、递条子等适当办法发出信号，以求民警、解放军、老师、家长及群众前来解救。

三、虚张声势，巧妙周旋

当自己处于不利的情况下，可故意张扬有自己的亲友或同学已经出现或就在附近，以壮声势；或以巧妙的办法迷惑对方，拖延时间，稳住对方，等待并抓住有利时机，不让坏人的企图得逞。

四、主动避开，脱离危险

明知坏人是针对你而来，你又无法制服他时，应主动避开，让坏人扑空，脱离危险，转移到安全的地带。

五、诉诸法律，报告公安

受到严重的侵害、遇到突发事件、或意识到问题是严重的，家长和校方无法解决，应果断地报告公安部门，如巡警、派出所，或向学校、未成年人保护委员会、街道办事处、居民委员会、村民委员会、治保委员会等单位或部门举报。

六、心明眼亮，记牢特点

遇到坏人侵害你时，你一定要看清记牢对方是几个人，他们大致的年龄和身高，尤其要记清楚直接侵害你的人的衣着、面目等方面的特征，以便事发之后报告和确认。凡是能作为证据的，尽可能多的记住，并注意保护好作案现场。

七、堂堂正正，不贪不占

不贪图享受，不追求吃喝玩乐，不受利诱，不占别人的小便宜。因为"吃人家的嘴短，拿人家的手软"，往往是贪点小便宜的人容易上坏人的当。

八、遵纪守法，消除隐患

自觉遵守校内外纪律和国家法令，做合格的中小学生。平日不和不三不四的人交往，不给坏人在自己身上打主意的机会，不留下让坏人侵害自己的隐患。如已经结交坏人做朋友或发现朋友干坏事时，应立即彻底摆脱同他们的联系，避免被拉下水和被害。

应对校园暴力的自我防护

校园是我们健康成长和努力学习的美好乐园。为什么校园里会发生暴力事件？这是有原因的。

认真调查分析一下，有以下几种情况：有的学生在家里是重点保护对象；有的家长脾气暴躁，并且经常在酗酒后打骂孩子；有的父母离异，从小失去家庭温暖。

另外，随着年龄的增长，有些孩子结成"团伙"，名为讲"义气"，实际专门欺负弱小或是他们看不顺眼的同学。

由此可见，校园暴力多与某些学生的生活环境和所形成的不健康心理相联系，由于家长、老师、同学不满，以盲目反抗情绪和攻击的态度对待别人；也有的孩子从小缺乏与同龄人的正常交往，不会与人和睦相处，养成了随便打人骂人的坏习惯。

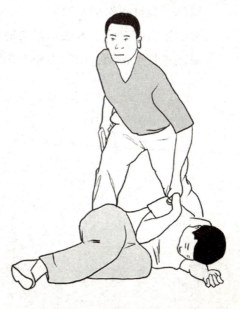

对待校园暴力，你可以试试下列方法：

1. 学生遇到校园暴力，一定要沉着冷静。采取迂回战术，尽可能拖延时间。

2. 必要时，向路人呼救求

助，采用异常动作引起周围人注意。

3. 尽量不与小霸王们发生正面冲突，惹不起可以先躲开。人身安全永远是第一位的，不要去激怒对方。

4. 顺从对方的话去说，从其言语中找出可插入话题，缓解气氛，分散对方注意力，同时获取信任，为自己争取时间。

5. 如果对方过于强大，可以先把钱物给他们，然后报告老师和家长。

6. 学生上下学尽可能结伴而行。

7. 学生的穿戴用品尽量低调，不要过于招摇。

8. 在学校不主动与同学发生冲突，一旦发生及时找老师解决。

9. 上下学、独自出去找同学玩时，不要走僻静、人少的地方，要走大路。不要天黑再回家，放学不要在路上贪玩，按时回家。

10. 在劫持者经常出没的地带，可以请警察出面干预。

11. 学校定期开展心理、思想道德课程教育；适当组织同学间的协作活动，加强团队互助意识。

请你学会自我保护招数：

校园暴力可以防，方法掌握要适当，

求助师长来帮助，结伴走路有保障。

第四单元
校外防护知识

校外防护的主要原则

一、依靠法律，预防违法犯罪对自己的侵害

老一辈无产阶级革命家邓颖超指出："教育孩子们从小学法、守法、用法。"

《未成年人保护法》第四十六条规定："未成年人的合法权益受到侵害的，被侵害人或者监护人有权要求有关部门处理，或者依法向人民法院提出诉讼。"

中小学生要明确，依靠法律是预防侵害的首要原则，是自我保护的必备武器。

依靠法律，必须学法、知法。要学习宪法、刑法、治安管理处罚条例、义务教育法、未成年人保护法等有关法律法规，掌握必要的法律知识。

要弄清什么是合法，什么是违法；什么是无罪，什么是犯罪；什么是自己的义务、权利和合法权益，什么是受到侵害。还要弄清家庭、学校、社会、司法对未成年人保护的内容和法律责任。

依靠法律，必须用法。要依法履行自己的义务和行使权利，并在违法犯罪行为对自己形成侵害时，能够依靠法律手段进行自我保护。要做到：一克服"害怕对方报复，干脆自认倒霉"的错误思想；二克服"管它三七二十一，我私下找人报复"的错误做法。总之，就是要在法律允许的范围内自我保护，而不能用个人感情代替政策、法律。

二、依靠组织，预防违法犯罪对自己的侵害

这里所说的组织，一般是指侵害发生地或自己所在的街道办事处、派出所、居委会、村委会、学校等部门。其中有的街道、区县还专门成立了未成年人保护委员会。

根据法律规定："对侵犯未成年人合法权益的行为，任何组织和个人都有权加以劝阻、制止或者向有关部门提出检举或者控告。"由于对本地区、本部门的社会治安和人员活动等情况熟悉，这些组织就会依据法律，在自己的权限范围内及时妥善地处理解决未成年人受侵害的问题。

三、依靠群众，预防违法犯罪行为对自己的侵害

包括中小学生家长在内的广大群众，对破坏社会治安、危及中小学生人身安全合法权益的违法犯罪活动深恶痛绝，盼望通过综合治理和"严打"使社会稳定、中小学生受到保护而健康成长。

群众的眼睛雪亮、智慧丰富、威力无穷，不断涌现出保护少年儿童，见义勇为的好市民、好青年、好干部。所以当中小学生受到违法犯罪分子的侵害时，要千方百计地求助身边的群众，共同来对付坏人。当群众勇敢而义无反顾地和违法犯罪分子做斗争时，违法犯罪分子将成为过街老鼠，无藏身之地，遭灭顶之灾。

四、依靠智慧，预防违法犯罪行为对自己的侵害

勇于斗争，相信正义必将战胜邪恶；不能怯弱，不能束手待毙，不能让坏人为所欲为，这是中小学生预防侵害的必要前提。

运用法律武器进行自卫

我国的法律规定了未成年人享有的权利，其中包括受教育的权利、人身权利、财产权利、诉讼权利等。

当未成年人的合法权利受到侵害的时候，要学会运用法律的武器保护自己。

一、向有关部门申诉解决

学校、幼儿园、托儿所的教职员对未成年学生和儿童实施体罚或者变相体罚，情节严重的，或未成年人无故被开除学籍的，可向有关教育部门申诉解决；如未成年人被有关单位非法雇为童工的，可向劳动部门申诉解决。

二、向公安机关报案

如我们的身体受到他人的侵害，如被殴打、强奸等，应立即向当地派出所或公安局报案。情况紧急时要立即拨打 110 报警。

三、向人民法院提起诉讼

未成年人受到家庭成员的虐待可以向法院提起刑事诉讼。

当未成年人因为财产关系和人身关系与他人发生纠纷时，如自己的继承权被剥夺、父母离婚后互相推脱养育责任致使自己无人抚养，可向人民法院提起民事诉讼。

四、向人民法院提起民事行政诉讼

按照《行政诉讼法》的规定，未成年人对有关行政机关做出的具体行政行为不服而产生行政争议时，可以向人民法院行政审判庭起诉。

在打官司过程中，如果未成年人经济困难，无力支付律师费等费用，可以向本人户籍所在地的县（市）区司法行政机关所属的法律援助机构申请法律援助。

独自在家时的安全防护

独自在家时，要关好门窗、锁好房门，防止盗贼潜入。

当有人敲门时，一定要问清来意，不轻易给陌生人开门。

当坏人欲撬门趴窗，强行闯入，可到窗口、阳台等处高声喊叫邻居或打报警电话。必要时可拿起家里的菜刀、锤子作为武器，来震慑歹徒。

学习预防家庭火灾的常识，掌握电线电器起火、油锅起火、液化气起火等不同情况下的处理方法。

家里发生火灾时，如果有浓烟，应尽可能俯身或爬行出门，用湿毛巾或衣物捂住鼻、口，开门时用衣物或毛巾将手包住，以免烧热的门把烫手。

睡觉前检查燃气阀门是否关闭，炭火是否熄灭，防止一氧化碳中毒。

如果发现房间里有很浓的燃气味，先用湿毛巾捂住鼻、口，然后立即关闭气阀和炉具开关并打开门窗，不要开关室内任何电器或使用室内电话，以免发生火灾和爆炸。

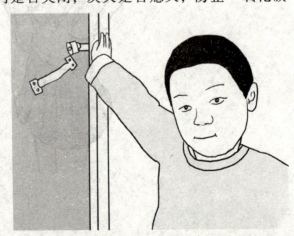

保持良好的饮食习惯，不要在假期暴饮暴食。

注意食品卫生，尽量在正规市场、超市购买食品，留意卫生、工商等权威部门发布的食品卫生安全提示，不食用没有安全保障的食品，防止食物中毒。

在成人带领下，在规定时间和指定地点燃放烟花爆竹，按说明燃放，注意自身安全，做好自我保护。

到有销售许可证的专营场所去购买烟花爆竹，不要到无证摊点、骑车兜售的不法商贩处购买。

尽量选购火药量较小的玩具烟花，不要购买具有伤害性的礼花弹、大型烟花。

不赌博，不吸食毒品，不看不健康的出版物；不吸烟，不饮酒。

正确对待生活中的困境，可以通过诉说、交流等方式来舒缓生活中的不适感。

与家人闹矛盾，不要离家出走，避免给坏人可乘之机。

正视自己存在的心理问题，不要紧张、害怕、回避，可以和家长、老师、朋友沟通交流或向专业机构咨询。

外出时的安全防护

同学们独自外出到陌生的地方，可能会忘记或辨认不清来时的方向和路线而无法返回；和家人、同学等一起出行，也可能发生走失而迷路的情况。另外，外出时还应该注意如下事项：

1. 应当准确地记下自己家庭所在的地区、街道、门牌号码、电话号码及父母的工作单位名称、地址、电话号码等，以便需要联系时能够及时联系。

2. 外出要征得家长同意，并将自己的行程和大致返回的时间明确告诉家长。

3. 晚上单独外出要走灯光明亮的大道，不抄近道走小路。

4. 在城市迷了路，可以根据路标、路牌和公共汽（电）车的站牌辨认方向和路线，还可以向交通民警或治安巡逻民警求助。

5. 在农村迷了路，应当尽量向公路、村庄靠近，争取当地村民的帮助。如果是在夜间，则可以循着灯光、狗叫声、公路上汽车的马达声寻找有人的地方求助。

6. 如果迷失了方向，要沉着镇静，

开动脑筋想办法，不要瞎闯乱跑，以免造成体力的过度消耗和意外。

7．外出游玩，购物等最好结伴而行，不独来独往，单独行动。

8．不接受陌生人的钱财，礼物，玩具，食品，与陌生人交谈要提高警惕。

9．不把家中房门钥匙挂在胸前或放在书包里，应放在衣袋里，以防丢失或被坏人抢走。

10．不独自往返偏僻的街巷，黑暗的地下通道，不独自一人去偏远的地方游玩。

11．不搭乘陌生人的便车。

12．在僻静的马路上，面对车流行走，不背对车流，以免有人停车袭击。

13．夜晚单独外出，要带手电筒、哨子、报警器等物品，万一被袭击，可用手电照射匪徒面部，吹哨求救等。

14．乘地铁时，和其他乘客坐在一起，尽可能坐在靠近站台出口的车厢，坐靠近车门的位置。

15．乘公共汽车，尽量靠近司机和售票员。

16．提包要斜挎在肩上，包不要背在靠马路一边，以防坏人抢掠。

17．走夜路时，一定要昂首挺胸，即使害怕，也要抖擞精神，要让企图袭击你的人望而却步。

18．如怀疑有人跟踪，应试着横过马路，看看那人是否仍跟着你。若该人紧跟不舍，你应跑向附近人多的地方报警求救。

19．横穿地下过街道时，谨防抢劫者在地道两头围堵，要结伴行走或跟随大人一起走。

20．要尽量避免在无人的汽车站等车，这样，你容易成为坏人袭击的目标。

21．外出的衣着朴素，不戴名牌手表和贵重饰物，不炫耀自己家庭的富有。

22. 携带的钱物要妥善保存好，不委托陌生人代为照看自己携带的行李物品。

23. 不接受陌生人的邀请同行或做客。

24. 外出要按时回家，如有特殊情况不能按时返回，应设法告知家长。

请你学会自我保护招数：

外出活动不要怕，结伴而行正气大，

电筒哨子手中拿，胆大心细巧筹划。

乘坐机动车的安全防护

　　汽车、电车等机动车，是人们最常用的交通工具，为保证乘坐安全，应注意以下各点：

　　1. 乘坐公共汽（电）车，要排队候车，按先后顺序上车，不要拥挤。上下车均应等车停稳以后，先下后上，不要争抢。

　　2. 不要把汽油、爆竹等易燃易爆的危险品带入车内。

　　3. 乘车时不要把头、手、胳膊伸出车窗外，以免被对面来车或路边树木等刮伤；也不要向车窗外乱扔杂物，以免伤及他人。

　　4. 乘车时要坐稳扶好，没有座位时，要双脚自然分开，侧向站立，手应握紧扶手，以免车辆紧急刹车时摔倒受伤。

　　5. 乘坐小轿车、微型客车时，在前排乘坐时应系好安全带。

　　6. 尽量避免乘坐卡车、拖拉机；必须乘坐时，千万不要站立在后车厢里或坐在车厢板上。

　　7. 不要在机动车道上招呼出租汽车。

对街头骗局的识别防护

近年来，屡有不法之徒利用一些人贪图便宜或想发意外之财的心理，在街头制造种种假象、设置各种圈套，以达到骗取钱财的目的。

案例一

2001 年的一天，三门峡市某企业退休职工张某去银行存钱的路上，看到有人在兜售一种"神奇"的电器。

只听卖主把那个电器吹得神乎其神："这种电子仪器看着不太起眼，作用却挺大。它能测出你身上有什么病并能因病施治！"卖主还称，这种仪器已经过国家检验，性能可靠，他现在只是为其做前期宣传，并限量销售，每台只卖成本价 2000 元。

这时，一个骑自行车的中年人大汗淋漓地跑过来，下车就说："可找到你了，这个仪器真好，昨天我买的那个回去一用，关节就不疼了！这回总算找着你了……"

他一边擦汗一边接着嚷嚷："家里人吵的不行，非要给老家的爷爷也买一个不可！"说着，他掏出 2000 元钱往那人面前一放，拿起一台仪器就走。

几名围观者一看这场面，也纷纷掏钱抢购。张某也买了一个，回到家一试，什么作用也没有。当他再想退货时，那伙人早不见了。

案例二

2001 年 6 月下旬，两个外地人在三门峡市区某医院门口高价收购胎盘，同时出售一种叫"三精补血钙"的药品。

他们声称这是一种高级补品，质量绝对没有问题。为取得大家信任，他们还拿出某药厂的工作证让大家过目。市区里的一个年轻女孩为了孝顺老母亲，经不起他们花言巧语的诱惑，用 1 万元买了十盒"三精补血钙"。后来，这种所谓的药品经有关部门检验，全是假货。

案例三

2002 年 3 月的一天，正在寻找工作的大学毕业生小陈走到一个路口时，看到一名男子满头大汗向他走来，一见他就问"中国银行"在哪儿。

小陈问他有啥事，这个自称是"广东人"的男子告诉他，他去西安拉货的汽车在高速公路上出车祸了，受伤人员急需抢救。而他身上只有 3 万元加拿大币，想到中国银行兑换。

正说着又过来一个"胖子"，要过他的加拿大币仔细看了看后说："这是正宗的加拿大币，很值钱，1 加拿大元可兑换人民币 5 元。我有个朋友在银行工作，咱们去看看。"

于是，三人便来到一家储蓄所门口，"胖子"拿着一张加拿大币进去了。几分钟后，"胖子"出来说："这钱不假，但办手续很麻烦，大概需要一天时间。"

"广东人"一听就哭了："这咋办，车翻在沟里需要请吊车，人员受伤，等不及了呀！"随后，"广东人"又冲着小陈说："小伙子，我看你是好心人，陪我这么长时间了，不如便宜卖给你吧，这值 15 万元。"

小张一听，眼前工作还没有着落，这又有利可图，

而且救人要紧，便说自己只有五千元。"广东人"略一停顿，最后还是勉强同意给他换了五千元的。

小陈便将自己所有的积蓄交给"广东人"，可是当他到银行再去兑换人民币时，却得知：这些钱是秘鲁币，在中国根本不流通。

以上种种骗术看似高明，其实万"骗"不离其宗，即都是抓住了被骗者贪图意外之财的弱点，事先精心设置好陷阱，并编排一些让人迷惑并信以为真的情节，诱人一步步地陷入泥沼，最终上当受骗。街头的诈骗案例听起来有些神秘，但也并不是不可预防。只要我们牢牢记住：天上不会掉馅饼，要想防止被骗，首先要戒了自己的贪心。

收到匿名电话时的防护

如果你收到匿名信或者匿名电话时，完全没有恐慌和害怕的必要。应该沉着冷静地思索一番，假如接到电话就惊慌失措，恰恰是上了对方的当，中了对方的计。

你应该静下来思考，来信来电者可能是谁？打电话的原因究竟是什么？然后再想一想，先前或者最近和谁有过什么矛盾，谁对自己有过什么要求遭到过拒绝，或者自己有意无意地触犯过谁。

经过冷静地分析，至少可以将来信来电者，判定在一个比较狭小的圈子里，心里稍微有点数。

当自己分析这些事有困难时，应该及时告知家长、老师或同学，大家共同来分析。

千万不要一个人冥思苦想，浪费太多的时间精力。也可通过学校报告派出所，司法部门会对那些情节严重的匿名来信、来电事件加以追查和处理的。

请同学们记住，即使查不出匿名人究竟是谁，你仍然要保持乐观向上的情绪，不要心烦意乱。

电信诈骗的几种类型

涉案类诈骗

不法分子冒充公安局、检察院、法院工作人员，以银行卡欠费、涉嫌洗黑钱或者账号被犯罪团伙利用为名，打电话或发短信诱骗、恐吓当事人将资金转移至所谓的"安全账户"，再通过网上银行将资金迅速转移，从而诈骗钱财。

欠费类诈骗

骗子假冒电信运营商用语音电话联系当事人，告知其电话欠费。当事人通过该语音电话询问时，对方谎称其在某银行办理的 1 张信用卡拖欠电话费，并要求对方向"某某市公安局"报案。所谓的"某某市公安局民警"又谎称当事人"身份证被盗用、银行卡需升级保护、侦查办案需要"，诱骗当事人说出银行卡账号和密码，转账骗走当事人银行卡上的存款。

消费类诈骗

骗子用手机群发短信，称当事人在商场刷卡消费若干，若有疑问建议咨询所谓"银联中心"，并留下电话。一旦回复电话，对方又谎称当事人的银联卡可能被盗刷，然后提供所谓的"某某市公安局"报警电话。当事人报警后，"某某市公安局民警"以"保护当事人账户"为由，要求当事人到 ATM 机上把银行卡上存款转至指定"安全"账户，骗走钱财。

退税类诈骗

骗子冒充有关机关工作人员打电话或发短信给当事人，告知其购买的汽车等高档商品可以退税，要求当事人先交纳一笔"手续费"。随后，又授意当事人在银行自动取款机上通过转账方式交纳费用、领取退税，利用当事人不熟悉银行自动取款、转账业务的弱点，骗走银行卡上全部或部分资金。

中奖类诈骗

骗子用手机群发短信，告知当事人中奖，并要求当事人回复某电话。如果当事人回电话，对方就编造各种理由，让当事人相信自己真的已经中奖了，接着就以交纳所得税、手续费等为名，要求当事人先将上述费用汇入指定的银行账户，等当事人发觉不对，已上当受骗。

贷款类诈骗

骗子以"提供无担保、低息贷款"为诱饵，发布虚假信息，并留下联系电话。当事人一旦回复电话，对方则声称贷款需先交部分利息，当事人汇入其指定账户以后，对方又陆续要求先交纳"还款保证金""个人安全费""车辆安全费"等费用，步步下套，骗取钱财。

救急类诈骗

骗子冒充当事人的单位领导、老师、医生和朋友等特定身份，打电话联系当事人，以"自己在外地发生车祸需花钱救人""子女在外遭绑架需交钱赎人"等为名，通过银行转账方式骗取钱财。

QQ 号类诈骗

骗子盗用受害人好友或者亲人的 QQ 号，并主动要求和受害人视频，视频时，该诈骗分子使用受害人好友或者亲人的截图，骗取受害人信任，然后谎称家里有急事，向受害人借钱，受害人因为看过视频在先，又碍于面子，于是将钱打入，导致受骗。

短信类诈骗

骗子向手机群发短信称"你的银行卡在××消费多少钱，如有疑问请与银行××电话联系""爸妈，我与朋友同居被公安抓了，请速去××银行打××元到×××卡上放人急用"等虚假信息，若你电话联系，对方会设计一连环电话，在取得你的信任后让你将银行卡上钱汇入某一账号，骗走你的钱。

总之，骗子行骗的手段虽然层出不穷，但只要我们不贪图小便宜，增强防骗意识，不贪意外之财，保持必要的清醒，对任何陌生人通过电话、短信要求你或者家人进行银行转账、汇款的，或为了提供安全账户保护你的存款的等信息，都不要相信，防止受骗。当收到类似的诈骗电话，一定要及时向公安机关报案或向银行部门咨询。

受到侵害时的安全防护

　　中小学生虽然年龄尚小，但已经不同程度地接触了社会。目前社会治安中仍然存在一些问题需要解决，社会上还存在违法犯罪现象，中小学生遭到不法分子侵害的情况也时有发生。

　　所以，中小学生很有必要学会正确认识遇到的人和事，明辨是非，区分真善美和假恶丑，提高预防各种侵害的警惕性，消除对危险的麻痹和侥幸心理。同时也要树立自我防范意识，掌握一定的安全防范方法，增强自身的防范能力，使自己在遇到异常情况时，能够冷静、机智、勇敢地去应付。

　　中小学生受到违法犯罪分子的直接威胁和侵害，仅凭同学们自身的力量很难防范，最有效的方法就是向公安部门报告。

　　1. 匪警电话的号码是 110。这个号码应当牢记，以便发生异常情况时及时拨打。

　　2. 拨打 110 电话，要简明、准确地向公安部门报告案件发生的地点、时间、当事人、案情等内容，以便公安部门及时派员处理。

　　3. 打报警电话是事关社会治安管理的大事，千万不要随意拨打或以此开玩笑。

4. 记住可信赖的成年人，如老师、家长的电话，这样在遇到侵害时，可以及时寻求他们的帮助。

5. 学会拒绝不正当要求，坚决不与坏人坏事同流合污。比如让我们去打群架、赌博、看黄色录像等，我们坚决不要去，并劝说朋友也不要去。

6. 如在路上遇到陌生人尾随，应想办法跑到人多的地方，或者躲避到单位、居民家。

7. 迷路走失后，应及时告诉警察，或者打电话给自己最信赖的人来迎接，不要向其他陌生人求助。

8. 上学、放学时，应与同学结伴而行，身上不要装过多的钱，不要携带珍贵物品，即使携带了，也不要随意显露。

对校园犯罪的自我防范

　　除了家庭、学校和社会的教育和保护外，未成年人也应该加强自身对罪犯的自我防范意识。未成年人对罪犯的自我预防主要包括以下几个方面：

　　1. 未成年人应当遵守国家的法律、法规及社会公共道德规范，要树立自尊、自律、自强、自爱的意识，增强辨别是非的能力和自我保护的能力。

　　2. 自觉抵制各种不良行为及违法犯罪行为，自觉抵制引诱的侵害。

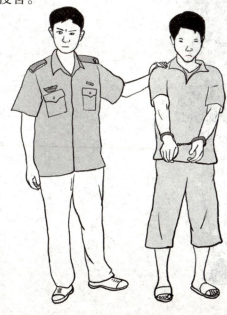

　　3. 在受到犯罪分子侵害后，要及时报告老师和家长，并通过法律途径及时维护自己的合法权益。

　　4. 父母或者其他监护人遗弃、虐待的未成年人，有权向公安机关、民政部门、共产主义青年团、妇女联合会、未成年人保护组织或者学校、城市居民委员会、农村村民委员会请求保护。被请求的上述部门和组织都应当接受，根据情况

实际需要采取相应救助措施的，应当先采取求助措施。

　　5. 未成年人一旦发现有人对自己或者对其他未成年人实施的违法行为或者犯罪行为，可以通过所在学校、父母或者其他监护人向公安机关或者政府有关主管部门报告，也可以自己直接去向上述机关报告。受理报告的机关应当及时依法查处。

身体受伤时的自我急救

在校园里，在课堂上，在楼道，在实验室，当我们稍不注意，都会发生摔倒、擦伤、扭伤以至划伤等小外伤。对受伤能及时自救自护，可以避免造成感染，减轻伤势。所以应学会及时处理小外伤的本领。

记住基本急救项目与方法：

一、鼻出血

不要因为怕把血弄到衣服上，而低头让血流到水池中或地上，应该往后仰头，用手指捏住鼻头，再用手拍或毛巾冷敷。如果血仍不能止住，往鼻孔内塞棉（或纸）球，再去医务室就诊。血止住后，一天之内不可用力擤鼻涕，以免血管再度破裂。

二、骨折

静止不动，用两块平整的板将受伤的部位夹住，冷敷止痛，并把患部抬起高于心脏。立刻送医院治疗。

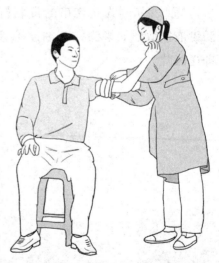

三、撞伤、碰伤

不要服止痛药，不要用手揉肿起的部位，以免增加内出血的机会。

四、实验室烧伤

如果轻度微红，注意保持伤处干燥与干净，覆盖薄纱布以免摩擦。如起泡或有焦褐色，立即送医务室或医院。

五、割伤、划伤

压住伤口止血，如果伤口很大很深，就要把受伤部位抬高，高于心脏，冷敷止血。洗干净伤口（用温水、肥皂），擦药或贴上创口贴。如杂物不好清洗或血流不止，就必须送往医院。

六、眼部受伤

眯眼时不要用手揉，闭上眼让泪水自动分泌、冲洗眼睛。如受到重击，采取冷敷。如红肿、出血，持续疼痛，必须求医。

七、钉扎

穿球鞋踩到带钉子的木板上，就会被钉子扎脚。要用力拍打受伤的地方，使之流出一些污血，再到医院去打破伤风针，不可大意。

八、虫咬虫蜇

蜂类蜇了，先将伤口的毒刺挤出，用皮筋或线绑住伤口上方，以防毒液扩散。如果涂些药剂还不管用，特别是感到头昏、恶心，应立即送医院。

被困荒野的自我急救

在荒山野林旅游时，如果你和同伴遇到危难，首先要用手机网络等通讯工具及时联系外办人员，请求救助。如果通讯工具信号中断，无法采用，就请运用下列方法进行呼救：

1. 国际通用的求救信号是使用声响、烟雾或光照，频率是每分钟6次，停顿1分钟后，重复同样的信号。

2. 写成大大的求救信号"SOS"。

3. 在夜间，可以用火堆求救，最好是三堆或三堆以上，火堆尽可能越大越好。

4. 白天可以使用烟雾来发出求救信号，方法是先点燃一堆火，待火熊熊燃烧时，再在火上放上青草，过会儿在火堆上就会冒出白烟来。

5. 可以用树枝、石块或衣服等物品在空地上做出 SOS 或其他信号，如可以将草地上的草拔出或割掉，形成 SOS 形图案。或者在空旷处以点火的方式，形成 SOS 图案。字要尽可能的大些，一般长度在五米至十米左右，以便及时被人发现。

6. 常用的国际民航地空联络符号有：

I——受伤需要医生；

II——需要药品；

F——需要水和食物；

X——不能前进；

向上箭头——我正朝此方向前进。

请你学会自我保护招数：

求救信号要记清，危难时刻管大用，

顽强智慧求生存，SOS 语言全球通。

第五单元
自卫防护技巧

美女的自卫技巧

美貌，是女性天赐的幸运。但是，美貌的少女切不可沾沾自喜，美丽的容貌往往会给少女带来一些麻烦，甚至导致不幸。这就告诫美貌的少女，更应加强自卫意识，保护好自己。

一、不为殷勤、颂歌、情书所迷惑

美女身边的追求者，崇拜者前呼后拥，或投其所好，献殷勤；或甜言蜜语，唱颂歌；或穷追不舍，纠缠不放；或情书似飞雪，令人眼花缭乱……在这些追求者当中，既有真诚的求爱者，也有寻花问柳的不良分子。

一些流氓的猎取目标，首先盯在美人身上。所以，美女应多了解一些社会和人的复杂性，提高女性应有的警惕性，在待人接物，特别是与异性接触、交往时，要保持一种必要的戒备心理，切不可为追求者的百般殷勤、醉人的颂歌、缠绵的情书而陶醉、飘飘然、忘乎所以，解除自卫防线，受骗上当，步入不幸的境地。

二、庄重、检点

美女往往容易犯一个错误，就是过于重视自己的容貌，常常会有意识或无意识地以自己的美貌取悦于他人，以获取个人名利，这是很危险的，有些色狼正是利用美女的这一弱点，使她们成为自己嘴边的猎物。因此，作为一名美貌迷人的少女，在人们面前要气质庄重，风度文雅，作风正派，凛然不可侵犯。

一正压百邪，美人身上的浩然正气，本身就是一种使坏人难以接近的自卫武器，即便是色狼，在庄重的美人面前，也不敢轻举妄动，贸然行事。

可是，有些美貌的少女却不懂这个道理，丧失自卫意识，行为很不检点：有的喜欢在众人面前展示姿色，矫揉造作，哗众取宠；有的举止轻浮，卖弄风骚，挑逗男性，引蜂招蝶。既有腥味，必然招来馋猫，成为色狼的猎物是必然的。

三、提高抗暴能力

对美色的贪婪，会使有的色狼铤而走险，对美人施加暴力，以图强行占有。因此，抗暴就成为美女应培养的自卫能力。遇上色狼，最好是想办法避开，可以报警，也可以向路人呼救。

如果孤身面对歹徒，就要敢于抗暴，奋力搏斗，进行自卫。当然一个少女对付一个亡命之徒，确有困难。但无论如何要保持冷静，消除恐惧心理，用法律攻心，智斗勇搏，往往能慑服对方，脱出险境。最好再学点女性自卫防身术，面对色狼暴行，出其不意地打击对方要害处，可以制服歹徒，保护自己。

四、严厉警告纠缠者

美女有美女的苦衷，会经常遇到一些令人讨厌的纠缠者，给美女的生活添了不少烦恼。对付纠缠者的最好办法，是庄重的气质，正颜厉色地警告纠缠者，让他们知道自己不是软弱可欺，随意凌辱、戏弄的女性。

尝到美女的厉害后，有些人就不敢来纠缠了。对于那些软硬不吃的无赖，就要及时报告公安部门，或对方的单位。有的美女怕惹是非不敢严厉教训纠缠者，只是忍让，躲避，吃哑巴亏，结果，软弱恰恰助长了无赖的气焰，促使他们更加放肆地纠缠。

五、夜间少独行

色狼盯上一个美女，往往不立即下手，而是先进行跟踪，摸清美

女的行动规律，如上下学的时间，夜间活动路线，家庭住址等，然后才在夜间行动。一些美女惨遭色狼的残害，往往是夜间独行，漆黑的夜色使色狼有机可乘。因此，美女参加晚间活动，最好由家人护送或结伴而行，尽量避免一个人独行。

六、拒不参加陌生人的家庭舞会

从全国各地揭露出来的流氓案件来看，利用家庭舞会进行流氓犯罪活动的，占相当大的比例。所以，对家庭舞会必须有所警惕，特别是对自己不相识的人所搞的家庭舞会，尽量不要参加，这本身就是一种美女的自卫。

七、维护名誉

人长得美，有时也会招来流言蜚语，因此，美女决不能听任他人肆意诽谤、侮辱、败坏自己的名誉，要勇敢地同那些流言蜚语的制造者进行斗争，维护自己的尊严。

保护名声的技巧

名声是人的形象。它是人的尊严所在，是人的第二生命。一个人有个好名声，会处处受到人们的尊敬、爱戴；相反，一个坏名声，则必然招致别人的鄙视、诅咒。因此，人们都十分珍惜自己的名声，保护自己的名声。

当自己清白的名声遭到他人的败坏时，当自己美好的形象在他人心目中变了样时，当遭到人们的歧视、谴责时，作为少男少女又该怎样进行自卫呢？

暗自饮泣，哀叹命运，轻生寻短，洗白名声，这是一些少男少女被人诬陷、诽谤，名声遭到败坏时，可能选择的一条绝路。

在他们看来，与其耻辱地活着，不如毅然地死去，以死抗争，对诽谤者控诉，证实自己的清白。其实，放弃正当的自卫，向恶势力妥协、投降，是一种软弱的表现，对于现代少男少女来讲，当然不可取。

以牙还牙，行凶报复，这是另一些少男少女对败坏自己名声的人，可能采取的一种极端行为。你败坏了我的名声，使我陷入极度痛苦之中，那我也不让你好，或施加暴力，伤害对方的肉体；或反其道行之，诬陷、诽谤对方。

行凶报复非但不能达到自卫的目的，反而会使矛盾性质转化，使自己由受害者变为害人者，甚至会触犯法律，受到法律的制裁，这也是不可取的。

面对诬陷、诽谤，唯一正确的自卫方式，就是依靠组织，依靠法律，在法律允许的范围内，揭露邪恶。打击坏人，以维护个人的权益，使个人的尊严不受侵犯。

如诬陷、诽谤者就在本校、本单位，首先应向学校、单位的老师、领导，如实反映情况，在组织进行调查了解后，进行处理时，受害者有权要求对方在他（她）所造成影响的范围内，公开承认错误，恢复名誉。

如果诬陷、诽谤者不在本学校、本单位，或受害者尚不知其人，应向法院起诉，要求得到法律的保护。受害者应知道，在我国，公民的名誉、人格是受法律保护的。不论是谁，只要他（她）当众散布谣言，对他人进行诬陷、诽谤，污辱人格、败坏名誉，就是侵犯了他人的人身权利。

我国刑法规定，凡是公然侮辱他人或捏造事实诽谤他人，情节严重者，便构成诽谤罪。

法律，是自卫的最锐利的武器。当自己的名声遭到败坏时，要克制住自己的感情，善于运用法律来保护自己。这才是少男少女自卫的最佳方式。

乘车时的自卫技巧

不论上学，还是外出旅行，人们都离不开交通工具，乘火车、汽车、电车……已成为少男少女生活中的重要组成部分。正因为经常乘车，自卫问题显得尤为突出。

一、克制忍让

乘车时难免遇到拥挤现象，碰撞、踩脚时而发生，这时，不论自己如何恼火，也要克制忍让。如对方主动致歉，说声"对不起"，自己应马上微笑回答："没什么。"如对方不礼貌，不讲致歉的话，甚至无动于衷，或故意气你，自己也不要动肝火，乘客会嘲笑不讲文明礼貌的对方，而对你的忍让行为表示钦佩。这时完全没有必要去和对方讲理争辩。如遇上不讲理的人或流氓，他会趁机挑起事端，甚至会大打出手，你会遭到殴打。因此，乘车时遇到拥挤时，一定要克制忍让，切不可针锋相对，把事态闹大。

二、严防盗贼

不论在火车上还是乘坐公共电、汽车，都应时时防盗。乘坐火车时，要将贵重物品、衣服随身保管好，现金随身携带，不可放在座位上。上衣若挂在衣架构上时，一定要从衣袋中取出证件、现金及其他贵重物品，以防被盗。

夜间行车时，在硬座车厢的旅客不能睡觉，应看管好个人的物品。乘坐电、汽车时，上下车时则要注意照看好个人的提包、钱包，小偷往往利用上下车人挤时行窃。

行车时，如人十分拥挤，则要注意个人的钱包，最好放在贴身上衣袋里。钱如放在手提包里时，就要把包放到胸前，时时注意。当有人故意挤你时，你就要提高警惕。

三、谨防骗子

乘坐火车时，少男少女好聊天，喜欢交朋友，一见面就自来熟，话一投机，便把对方视为知己，对对方丧失了应有的警惕，甚至把钱、物交于对方看管，结果不少人受骗，钱、物被骗子骗走。因此，对陌生人要保持一定的防范心理，不能把贵重物品、现金交给他们看管。

四、斥责流氓

乘车时，除了要提防盗贼、骗子外，还要防范流氓利用人多拥挤之际，调戏、猥亵女性。特别在夏季，女性穿得很单薄，流氓分子便在拥挤时抠、摸，许多少女害羞，不敢声张，结果使流氓更加猖狂。所以，当遇到流氓调戏，猥亵自己时，就要大声训斥，谴责他们的流氓行为，以正压邪，保护自己。

五、注意安全

乘车时要注意安全，等车停稳后方能上下车，车已启动后，就不要再抢上、抢下。行车时，不要把头或胳膊伸到车窗外面，万一遇上擦边而过的车、物时，很容易造成伤亡。另外，不要携带易爆易燃品上车，行车时如站立就要抓住拉手，防备在急刹车时造成碰撞受伤。

购物时的自卫技巧

少男少女经常出入商店、市场，为家人或自己购买衣物、食品、蔬果等。有的店家或个体户往往采用各种手段，欺骗顾客，坑害人们。为此，在购物时必须注意以下几方面：

一、识货

购物时首先要识货，鉴别货物的真伪、优劣。现在假冒商品很多，不法商贩一般都打着名牌产品的旗号，欺骗顾客。如果不识货，就会上当受骗，买到的不是假冒产品，就是次品、废品。所以，应对所购物品事先有一定了解，掌握其优点，购买时反复鉴别，在确信该物不是假冒、次废品后，再购买。另外，在购买食品时，还要检查是否变质腐烂。

二、掌握行情

在选购商品时，应对自己欲购之物的行情有一个大概了解，掌握商品的一般价格，做到心中有数。当该物要价过高时，你就可以与卖主讨价还价，或询

问原由，这样就不至于由于不了解行情而吃亏上当。

三、克服从众心理

在市场或商店里，往往会有这样的现象：当一种商品无人问津时，本来想买的人也不买了；可一旦有人蜂拥抢购，便会有大批顾客追随而至，甚至不问价格，不看质量，连不想购买此商品的人也买了。有些业主就是利用顾客的这种从众心理，找几个哥们儿、姐们儿扮演顾客，造成蜂拥抢购的场面，欺骗顾客，兜售伪劣商品。因此，购物时切忌盲从，要认真鉴别商品的质量、价格，根据个人实际需求选购，不上一些业主利用从众心理所制造的假象的当。

四、主动投诉

现在全国各地都成立了维护消费者权益的消费者协会，它可以根据消费者的投诉，与有关商店、厂家、业主交涉，保护消费者的正当权益不受侵犯。所以，当我们发现自己所购的商品系假冒品、次品或存在严重的质量问题，影响正常使用时，应立即与所购买该商品的店家、厂家进行交涉，如对方拒不退换或赔偿损失时，就可向当地的各级消费者协会投诉，以保护个人的经济利益不受侵犯。

五、不贪便宜

街头有些无证摊贩经常叫卖一些听来十分便宜的商品，有些人贪

便宜便不问质量匆匆购买，结果大都是次品，有的根本不能使用，造成经济上的损失。为此，在购物时一定不能贪便宜，要看质量，还要看业主是否在捣鬼，耍手腕，如在秤上作弊等，以防上当受骗。一般来说，街头摊贩叫卖便宜货，多半是骗人的，因此，最好不要买街头摊贩的东西。

六、不以价论档

有人有一种习惯心理，往往把商品的价格视为商品档次的标志，似乎档次越高的商品，价格就越贵。于是，有的少男少女在购物时，便认为商品的价格越贵，其档次就一定越高。购买高档商品时，不是鉴定质量，而是只看价格，只要价格高就以为商品一定是高档品了。有些业主恰恰利用了人们的这种心理，30元的皮鞋不好卖，改成300元，结果一抢而光。滞销货大幅度加价后，变成"高档"品卖，使许多少男少女大上其当，蒙受了很大的经济损失。为此，购物时切不可以价论档，而坚持以质分档，以防受骗。

遭遇流氓时的自卫技巧

在遭遇流氓时，女性的自卫显得至关重要，自卫不仅会保持女性自身的安全；还起到打击流氓歹徒的作用。为此：

一、大胆揭露

不论在熄灯的影剧院里，还是在拥挤的公共车辆上；不论在幽静的公园里，还是在彩灯旋照的舞厅中，时常会发生流氓调戏、猥亵女性的案件。他们往往利用女性的恐惧、怕羞、不愿声张的心理，向女性进攻。

大胆地揭露，勇敢地斗争，则是在公共场合回击流氓、进行自卫的最好办法。作为女性，面对流氓行为默不做声不行，仅仅躲闪更不行，这只会助长他们的嚣张气焰，而使之得寸进尺。因此，遭到流氓调戏时，要立即揭露，严厉斥责，坚决制止，以正压邪，表现出少女不可侵犯的性尊严。

这样，便能把他们的流氓行为暴露在群众面前，使流氓歹徒陷入被谴责的困境。这样，不仅制止了流氓的犯罪活动，保护了自己，同时也可使流氓歹徒受到应有的制裁。

二、沉着冷静，考虑对策，智取巧斗

面对流氓歹徒，自己处在孤立无援时，不要惊慌失措，首先要在精神上不屈服，镇定自若，正气凛然，威慑对方。一些流氓歹徒的罪恶目的之所以得逞，在很大程度上是少女受惊吓丧失了一部分反抗力。尽管流氓歹徒张牙舞爪，也要沉住气，保持清醒的头脑，积极考虑对

策。在无法以力取胜时，要千方百计，智取巧斗，制止流氓行为。对付流氓歹徒，智斗往往是女性自卫的一种好办法。

三、采取正当防卫，保护自己

流氓施暴时，有些少女不敢进行正当防卫，是因为怕伤害对方要负法律责任。其实，少女在反抗流氓暴行时打伤、甚至打死流氓，都是正当防卫，不负任何法律责任。

我国《刑法》第十七条规定："为了使公共利益、本人或者他人的人身和其他权利免受正在进行的不法侵害，而采取的正当防卫行为不负刑事责任。"

少女们应大胆地同流氓歹徒进行斗争，在抗暴时应寻找机会，拳击、脚踢对方的致命处，只要击中，少女就能够挣脱出来，变被动为主动，及时报案、惩办流氓歹徒。

四、学点女性自卫术

为了有效地对付流氓歹徒，有条件的少女应学一点自卫术，以备防身之用。艺高胆大，学了女性自卫术，再遇到流氓歹徒就不害怕了，流氓歹徒也会被对方的气质所压倒，不敢轻举妄动。

被人要挟的自卫技巧

在我们的周围，既有热诚相帮的好同学，也有怀着极其阴暗龌龊心理的人，他们常常把他人的隐私、错误当做要挟的"把柄"，以期达到个人卑鄙目的。

少男少女要特别警惕这种害人的伪君子，对他们要多加提防，以免落入他们的手中，成为他们的猎物。那么，一旦自己的隐私、错误被他人抓住，当做"把柄"对自己进行威胁、恐吓，要挟、勒索时，我们该怎样进行自卫呢？

一、莫将隐私视为"把柄"

每个人在自己的心灵深处，都可能隐藏着一些既不违法，又符合道德规范，只是不愿别人知道的个人秘密，这就是通常被人们称之为的"隐私"。

作为少男少女，应正确对待自己的隐私，既要好好保密，又要不怕被他人知道，加以利用。别人将它当做"把柄"要挟时，自己不要把它当做"把柄"，这样就解除了心理上的巨大压力，自然就不会落入对方的圈套。

隐私本不是"把柄"，任凭对方威胁、恐吓，都没有用，对方的阴谋就会彻底破产。利用他人的隐私进行要挟，本身就是一种违

法行为。我们不能向这种邪恶势力妥协、让步，否则，只能换来苦果。

二、莫让错误成为"把柄"

在人生的征途上，错误总是难免的，犯了错误要想不被人加以利用，最好的办法不是不承认错误、掩盖错误，恰恰相反，应当是主动地承认错误，检讨错误，交代错误，使自己能从错误的魔爪下解脱出来，砍掉他人妄图要挟、利用的"把柄"，从而避过他人精心设计的陷阱。

三、莫以暴力对邪恶

将他人的隐私当做"把柄"来要挟、威逼，满足个人邪恶的欲望，这种行径固然卑鄙可耻，令人难以容忍。但是，对付邪恶势力，要依靠组织，依靠亲友，依靠法律，在法律允许的范围内，同他们进行斗争。

有的少男少女法制观念不强，不会运用法律打击坏人，保护自己，进行自卫。而是感情用事，往往以暴力对邪恶，或伤害要挟者，封住他们的口；或施加暴力，以泄私愤；或聚亲结友打砸要挟者家庭……这种行为必然触犯法律，会使自己由原告身份变成了被告，给自己造成真正的不幸。

遭遇强暴时的自卫技巧

强奸暴行，对少女威胁最大，造成后果也最惨重。那么，遭遇强奸暴行时，少女该怎样进行自卫呢？

一、沉着冷静，及时呼救

当遭遇色狼时，能逃离则跑开。如难以逃脱时，就要大声呼救，可呼别人的名字。呼救是一种精神战术，对自己可减轻孤立无援的心理压力，对歹徒也可构成心理威慑力量。所以说，遇到色狼尾追时，忘记呼救或不敢呼救，首先丧失了一种有力的心理战术。

二、临危不惧，奋力反抗

在色狼面前只有镇定自若，奋力搏斗，能从心理上压倒歹徒，也可以使他们的犯罪行为受到阻止。

色狼在实现犯罪时，第一个动机是要把受害人摔倒，一般是用拳头猛击被害人的要害部位，以图把人击昏，或是用夹、抱等动作把被害人摔倒。

所以，女性要提防这一招，无论歹徒是从迎面扑上来，还是从背后冲上来，受害人都应注意掌握身体的重心平衡，防止跌倒。

如果歹徒还没有近身时，就应该面对歹徒，握紧双拳，保护太阳穴和颈部等部位。当歹徒夹住自己的头颈或拦腰抱住自己身体时，就要迅速地用手肘猛击罪犯的腰部或胸部，也可用力掰折其手指，或咬其手臂，并看准时机，猛击对方的睾丸，使其在剧痛中松开自己，从而得以脱身。

当受害人被摔倒以后，罪犯扑上身来的瞬间，就把收缩的腿猛力向对方的头部、胸部或腹部（特别是阴囊）上踏踹，力求将对方踹倒。

有的罪犯流氓成性，很会玩弄女性，在强奸女性时，往往先触及女性性感部位，如亲吻，抚摸乳房和性器官，以引起女性生理刺激，削弱反抗能力，使其罪行得逞。因此，在同强奸犯搏斗时，女性要注意保护好自己的性感部位，尽量不让对方触及。

三、看准时机，狠击致命处

当罪犯实施强奸暴行时，女性在奋力反抗中，要看准时机，对罪犯的薄弱环节进行痛击，这是战胜强奸暴行，保护自己的重要手段。

罪犯在实施强奸暴行时，有两个部位最为薄弱；一是脸部，一是小腹。罪犯强奸女性时，往往与被害人的脸靠得很近。这时被害人可乘机抠其眼睛，狠击鼻子。如若强行亲吻时，则可猛咬罪犯的唇与舌。这样打击罪犯的薄弱处，不仅使罪犯失去进攻能力，还可以在日后破案时提供有力证据。

痛击罪犯的小腹，尤其是猛击对方的睾丸，这是男性的致命处，从生理上讲，猛捏和挤压男性睾丸，能使其四肢无力，昏迷乃至死亡。所以，女性在与强奸罪犯搏斗过程中，特别注意对方的致命处，使罪犯产生剧烈的疼痛，无力再实施犯罪行为。

四、琢磨对策、巧斗智取

对付强奸暴行，当然要勇敢地搏斗，但是，女性体力毕竟比男性弱，有时硬拼也难以解脱自己，就应动脑筋，琢磨良策，巧斗智取，战胜对方。

在同强奸暴行搏斗时，有的女性不敢正当防卫，思想有顾虑，怕把对方打死后，要负法律责任。我国《刑法》第十七条规定："为了使公共利益、本人或者他人的人身和其他权利免受正在进行的不法侵害，而采取的正当防卫行为，不负刑事责任。"

这就告诉被害人，在反抗强奸暴行时打伤致死罪犯，是正当防卫，不负任何法律责任。因此，女性应大胆地同强奸罪犯斗争，勇敢地进行正当防卫，保护自己不受伤害。

被迫卖淫时的自卫技巧

强迫少女卖淫，不仅破坏了社会秩序，毒化了社会道德风尚。而且直接地侵犯了少女的人身权利，即侵犯了少女性的不可侵犯权和身心健康权，那么，当少女被迫卖淫时，作为受害者应该怎样进行自卫呢？

一、敢于斗争，用法律保护自己

有的少女过于软弱，在犯罪分子的威逼之下，便产生了恐惧心理，违背自己的意志，跳进卖淫的火坑。所以，面对威胁、恐吓，少女应敢于斗争，不屈于犯罪分子的淫威，同他们抗争。首先要警告对方，强迫少女卖淫，是一种犯罪行为。

《刑法》第一百四十条明确规定，强迫妇女卖淫，情节一般的，处10年以下有期徒刑；情节特别严重的，可处10年以上有期徒刑、无期徒刑、直至死刑。以法攻心，靠法律的威慑力驱走对方的邪念，战胜对方的威胁，保卫自己。

如果犯罪分子仍不罢休，继续逼迫自己卖淫，那就应向公安部门检举揭发他们的犯罪行为，用法律的有效武器来制止他们对自己的迫害。有的少女被犯罪分子的气焰所吓倒，不敢向公安部门告发，怕受到更残酷的迫害。其实，任何犯罪分子都是惧怕法律的，当有关方面依法出来干预时，他们就不敢再逼迫少女卖淫了。

二、抓住时机、巧妙脱身

落入犯罪手中的少女，在硬拼难以脱身时，就应智斗，想方设法，寻找时机，巧妙脱身。既然犯罪分子让被害少女去"接客"，就不可能终日被锁在屋子里，总有一点个人自由活动的机会，这便是受害少女脱身的最佳时机，切莫放过。

三、实情相告，赢得同情

尽管嫖客思想堕落，但良知未泯者仍大有人在，只要少女能如实讲明自己不幸的遭遇，说明是被迫卖淫，求得他们的帮助。有时也会得到他们的同情和解救，从而跳出火坑，因此，受害少女不应放弃这种努力。

四、多种途径，广泛求援

少女在遭受迫害时，不要绝望，而应时刻寻找时机，利用多种途径，广泛求援，把自己受害情况反映到有关部门，从而得到保护，这是积极进行自卫的态度，只有这样，在遭遇强迫卖淫时才能保护女性的不可侵犯权。

因此，陷入虎口的受害少女，要善于在极其困难的条件下，千方百计地利用各种途径，广泛地向社会伸出求援之手。要相信，在我们国家里，人们对于丑恶的卖淫活动十分痛恨，对于被迫卖淫的女性十分同情。只要能同外界联系上，尽管彼此陌生，对方也会伸出温暖之手，将受害少女拉出火坑。

但这时也应提高警惕，善于识别歹徒，别再上坏人的当、被迫卖淫的少女不要怕人耻笑，卖淫固然可耻，可自己是被迫的，是受害者，人们不会嘲笑受害的少女。

少女失身后的自卫技巧

或遭歹徒蹂躏，或被坏人欺骗，少女不幸失身后，该如何面对现实，积极地进行自卫呢？

一、切莫轻生寻短

少女失身确实是人生一大不幸，但不是终生的耻辱，并非钉在耻辱柱上。失身的少女同样会有希望、有前途、有爱情、有幸福。绝望是没有道理的，轻生寻短更是自我毁灭，乃极大的愚昧，切不可干这等蠢事。为此，不幸失身的少女应振奋起来，坚强地生活，努力扫除失身蒙在心灵上的阴影，让美好生活的阳光永驻心田。

二、不可破罐子破摔

有的少女失身后，自暴自弃，认为自己失去了女性最宝贵的东西，也就失去了女性的价值，低人一等，自我贬值。于是，便破罐子破摔，自甘堕落，或混入流氓集团，或出卖肉体，或给洋人当情妇……纯真的少女沦落为荡妇，实在可悲。所以，少女切莫因不幸失身而堕落。

三、切忌报复

少女不幸失身后，固然很痛苦，怒火也会熊熊，这时，少女自然会把满腔仇恨都集中在那个夺走少女贞操的人身上。于是，有些不幸失身的少女便对残害自己的那个人进行报复，或暴力"惩罚"，或打砸抢，以此出出气。其实，稍有法律常识的人都知道，采取暴力行动进行个人报复，是一种犯罪行为，要受到法律的制裁。

因此，不幸失身的少女一定要理智、克制，不要听他人的鼓动，要冷静地处理这个问题。失身已经是一次大不幸，切莫因暴力报复，再铸成又一个大错。

四、及时报案

少女不幸失身后，有些少女或惧怕对方报复，或怕影响个人名声而不愿报案。由于受害的女性不积极报案，致使色狼十分猖狂，而受不到法律制裁。

为此，少女不幸失身后应立即报案，依靠公安机关来保护自己，惩治坏人。同时，不幸失身的少女也要打消顾虑，公安机关会为受害女性保密，不让受害的少女再次受害。

参加舞会时的自卫技巧

随着文化生活的不断丰富，舞会已成了少男少女的主要娱乐活动内容。但是，舞厅是个陌生的社交场所，对于阅历不深的少男少女，确实存在着如何自卫的问题：

一、选择文明健康的舞厅，切莫陷进淫乱的魔窟

有些流氓分子利用家庭舞会、个体舞厅和个别营业舞厅，进行流氓淫乱活动，使不少少男少女被腐蚀，走上犯罪道路。也使一些少女遭到奸污。因此，少男少女在参加舞会时，对场所必须进行选择，不要参加家庭舞会，即便有熟人带领，也不能前往。要跳舞就去那些管理得好，秩序井然，健康文明的舞厅，在这样的环境中起舞，才能有安全感。

二、文雅友好，以礼待人

舞厅是社交场所，陌生人当然很多，遇到陌生人前来邀请跳舞时，一般情况下应尽量满足对方的要求，与对方跳一圈。如发现对方不轨或自己确实不想跳时，应有礼貌地婉言谢绝："对不起，我太累了。"或者说："很抱歉，别人已邀请我了。"这样既拒绝了对方，又不使对

方难堪。难而有的人却出口不逊，恶语伤人，侮辱对方，这就容易激怒对方，导致武力报复，使自己受到伤害。

三、不阻拦女友，也不去争夺舞伴

同女友一道参加舞会时，有时会遇上陌生男子前来邀请女友跳舞，这时不应阻拦女友，而应尊重女友的意愿。当女友同意与陌生男子跳舞时，千万不可谴责对方，更不能辱骂、乃至殴打对方，否则，会引起双方的暴力行动，给自己带来不幸。在舞会上往往会涌现出几个舞姿超群的"舞后"，吸引一些男子前来邀请。这时，自己当然有权去请"舞后"或其他女子跳舞，但不要与他人争夺舞伴，以免发生暴力行为。

四、庄重而不轻浮，大方而不放荡

少女参加舞会时，好好打扮一番是应该的，但要庄重、大方，在陌生男子面前不可轻佻、放荡。有些流氓寻觅的猎物首先盯在轻佻、放荡的少女身上，然后便施展种种手段，进行引诱、威逼，使少女就范，使其成为他们的玩物。因此，少女在舞会上一定要注意自己的行为，使流氓歹徒不敢轻举妄动。

五、不贪便宜，拒收钱物

有的少女参加舞会图便宜，由陌生男子给她买门票，请她吃冷饮，她以伴舞作为答谢。久而久之，如遇上流氓歹徒，就难以脱身。有的色狼在舞会上向前来伴舞的少女"赠送"钱、物，如外汇券、外币、金戒指、高档时装、项链……有的少女贪便宜，被钱物迷住双眼，不

知不觉成了人家的猎物。因此，当少女独自参加舞会时，不要接收陌生男子的任何礼物，更不能收钱，"便宜"的背后就是陷阱，"便宜"是要少女付出代价作为补偿的。

六、对不轨举动，严厉斥责

有的不轨之徒利用与少女跳舞之机，进行调戏，猥亵，对此少女不可默默忍受，应立即严厉斥责他，性质严重的，可向舞厅治安人员报告，要他们处理流氓行为，保护自己。

报恩时的自卫技巧

在人生的旅途上，我们或许曾经陷入过困境，此时，有人伸出温暖的手，将自己拉出；或许遭遇过陷害，被人主持正义，拨去诬陷的阴云，使自己重见真理的阳光；或许失足之后，被人热诚帮助，指明正路，让自己重新开始新生活；或怀才不遇，伯乐降临，将自己推上成功之路……

对于这些曾帮助自己摆脱困境，把自己从危难之中解救出来的人，对于敢冒风险，竭尽全力保护自己，或将自己送上荣誉宝座的人，人们大都要报恩答谢，许多人虽然有恩于他人，却从不想让他人感恩、报答。

但是，也有的人竟以"恩人"身份向对方伸手，含蓄地或公开地要对方报恩。那么，少男少女在报恩时该怎样进行自卫呢？

一、报恩，不可违法乱纪

报恩不能只讲义气，不顾法纪。违法乱纪的报恩，无异于自跳火坑。可是有的"恩人"为了个人私欲，要对方不顾党纪国法报答自己。这时，一定要分辨是非，不要上当受骗。

报恩，只能在个人力所能及的范围内全力相报，不能超越法律、违反纪律，干违法的勾当。所以，我们一定要提高警惕，不要让义气之类的封建意识蒙住眼睛，要坚持原则，不管对方对自己有多大恩情，只要让自己干违法乱纪的事，就应坚决拒绝，不能有半点含糊。

二、报恩，不能搞效忠

对有恩于自己的人，有的少男少女把个人的无限感激之情，化作效忠行动，用封建的"哥们儿义气"作为思想基础，永远效忠对方。

效忠，不是我们社会中人与人的正常关系，同学间、朋友间，需要真诚的友谊，相互的帮助。而决不应形成一个人是另一个人的奴隶或工具的现象。效忠不仅亵渎了对方对自己的情谊，往往也容易被心怀叵测的"恩人"所利用，而演出可叹的悲剧。

三、报恩，不能以身相许

贞操，是忠于爱情的，绝不是感情的发泄物，更不能成为女性用以报恩的礼品。用贞操报恩，只能给自己编织厄运。所以，当对方提出以身报恩时，应严厉拒绝，斥责对方的可耻行为，劝告对方不要让这种肮脏思想玷污自己的形象，毁掉自己。应该自尊自重为好。

落榜时的自卫技巧

上大学，不仅是家长的热切希望，更是广大学生的美好心愿。但是，由于我国大学每年的招生名额有限，必然是有许多学生高考落榜，那么，考生落榜时应该怎样自卫呢？

一、不要躺倒

落榜，就犹如当头泼来一盆冷水，心凉透了，希望之火也泯灭了，于是，有人便躺倒下去，从此消沉下去，认为人生暗淡，前程、一切都完了。这是一种极为悲观的情绪，是非常不可取的。这种悲观失望的情绪，不仅对身心健康不利，也会腐蚀自己的意志、信念，甚至会葬送自己美好的青春。

落榜，固然是一次打击，一次挫折，但在人生的漫漫长途中，这才仅仅是一个转折点。落榜并不代表将来就无所作为，反之，金榜题名的学生，将来也未必一定成为大有作为的人。作为一名有志青年，应该勇敢地面对人生的挫折，冷静地分析高考失利的原因，总结经验教训。

到底是自己努力不够，还是与别人的差距太大。如果属于个人的努力不够，就应该下定决心继续拼搏一番，相信自己一定能行，只要功夫到，就能获得成功。

如果是因为个人的基础太差，即便再努力也难以考上大学了。那就更应该冷静地重新进行自我设计，重新规划自己的人生。然后根据自己的特长和性格爱好，充分发挥自己的优势，选择一条属于自己的最佳的出路，切莫总是在考大学这条路上受熬煎。

何况，工作以后还有机会上大学学习，如业大、职大、电大、函大等。因此，落榜者不必悲观，更没有理由躺倒。

二、切莫自卑

有人落榜后，便觉得比人矮一截，自惭形秽。于是，不愿出门，不想社交，不见同学，离群索居，关在家中，闭门思过。自卑，只能使自己丧失信心，陷入痛苦绝望之中。

落榜者应该看到，考不上大学的毕竟是绝大多数人，是很正常的现象、完全没有理由自卑。落榜，并不能表示一个人的价值丧失，更不能注定一个人失掉美好的前途。

人的价值在于贡献。只要自己有能力，能积极地为社会做贡献，他的价值就能取得社会和人们的公认。因此，落榜者应挺起腰杆，抛开自卑，投身到新的生活之中去。

三、警惕坏人

落榜后，不上学，又没工作，时间过剩，有的人就交结朋友，三五一群，来来往往，这也是正常的。但是，要警惕坏人，切莫结交坏友。有的流氓、赌棍、盗贼并不能一眼看出，他们往往装成热情、大方、义气的朋友，大力"帮助"你，慷慨解囊。如果你不小心，就会慢慢陷入泥坑，再想往外拔腿就十分困难了。不少落榜学生堕入流氓集团的惨痛事实，是大家应引以为戒的。

四、何必轻生

有的考生落榜后，悲痛欲绝，觉得丧失了生活的意义，便寻短轻生，这是很不值得的。难道人活着就为了上大学，难道考不上大学就没有活路了吗？如果你决心要上大学，不上大学死不休，那么，今年考不上就来年再考，下工夫钻研，经过几年或许会成功。即便总也考不上大学，还可以自学成才，工作之后还可上业大、职大之类大学，受高等教育的机会是有的，不应是绝望。生命是宝贵的、青春是美好的，不要因一次落榜而白白葬送生命，那就太愚蠢了。有志青年决不干这种傻事。

五、不怕讽刺

有时在高考落榜后，难免会听到一些讽刺挖苦的话，甚至连父母、兄妹也会说些刺耳的话。这些会令落榜者极为难堪，甚至陷入深深的愧疚和自责中。其实，这并不足为奇，毕竟自己失败了，这是事实。那么就让人们随便去说吧，终有一天你会用自己的行动来证明他们的嘲笑是多么的愚蠢。

人不怕别人嘲笑自己，怕的是连自己都在嘲笑自己。一个积极的人永远都是乐观向上，勇于面对世人的任何目光的。

社交中的自卫技巧

社交活动是现代人联系社会的一条纽带，但社交场并非人间圣殿，一些品行不端、行为不轨的人也混杂其中。流氓歹徒也出没于社交场合。引诱、威逼、殴斗，调戏、侮辱、猥亵少女，使少男少女在社交场中面临威胁。为此，要提高警惕，强化自卫意识。

一、自尊自爱、庄重大方

在社交场中，不论少男少女，都应表现得庄重大方，不可侵犯，给人一种正派气度，使一些不轨之徒不敢轻举妄动。反之，如果在社交场中行为不检点，男的表现得流里流气、色迷迷；女的轻挑、放荡、乱送秋波，这样就很容易招来不法之徒，使无知的少男少女成为他们的猎物。

二、结友慎重，善于识别坏人

在社交中，交结朋友是很正常的，但交结朋友时都应小心谨慎，对他们的言谈举止，兴趣爱好多作一些了解和观察，只有思想、品德方面可靠的才与之交往，切不可与那些道德败坏，品质恶劣，吃喝嫖赌的人为伍。须知，交结坏友，无异于引狼入室，葬送自己美好的青春。交友贵在选择。一定要选择那些品质好、作风正派的人为友。

三、不贪便宜，抵抗诱惑

在社交场中，会遇到形形色色的人，有以玩弄女性为乐趣的色狼，有引诱少男少女犯罪的坏分子，有盗贼赌棍，也有妓女无赖……他们为了达到卑鄙目的，会用金钱、色情、物质、肉体作诱饵，向少男少女施加巨大的诱惑力。

如果少男少女意志薄弱，贪图便宜，就会逐渐陷入他们的圈套之中。因此，少男少女在面临各种诱惑时，一定要意志坚强。排除私欲，不贪便宜，不为所动。只有抵制诱惑，才能很好地进行自卫。

四、不为颂歌所陶醉

颂歌，常常是一些行为不轨、心术不正之徒用以讨好、迷惑少男少女的糖衣炮弹，他们抓住某些少男少女喜欢赞扬的特点，用人间最美丽的辞藻，最动听的语言，肉麻地吹捧、奉承，使少男少女丧失警惕，失去理智，忘乎所以，把豺狼当知己，不知不觉上了他们的当，落入他们的魔爪之中。

少男少女要有自知之明，对自己唱颂歌的人不一定怀有好意，要提防颂歌背后的黑手，决不能解除自卫的武装。

五、切莫轻信，谨防受骗

对待真正的朋友固然要信任，但对自己并不了解的人切莫轻信。社交场中人员复杂，彼此不了解，千万不可轻信对方，以防上当。

第六单元
防骗防盗防暴主题活动

活动对象

　　青少年是祖国的未来，民族的希望，但如今有的青少年法制意识淡薄，争强好胜，为了一些小事、哥们儿义气，甚至一个念头就行凶、杀人。对青少年暴力犯罪我们应该加以足够的重视，引起全社会的关注。

　　青少年暴力犯罪是指年龄为 14 至 25 周岁的犯罪主体利用身体力量或其他工具恶意侵害他人身体或公私财物的危害社会秩序和公共安全的犯罪行为。据统计，近几年青少年暴力犯罪不仅在青少年犯罪中比例大幅上升，其数量一直居高不下，而且青少年暴力犯罪在暴力犯罪中也占相当大的比重。

　　当前青少年暴力犯罪主要集中于故意杀人、故意伤害、强奸、抢劫等典型暴力犯罪。此外，绑架、聚众斗殴、寻衅滋事等其他凭借暴力手段实施的犯罪，在青少年暴力中也占相当比例。

　　青少年的违法犯罪往往是从不遵守道德规范开始的，他们刚刚踏上人生的成长之路，心理状态脆弱，易受诱惑，喜欢模仿，辨别是非的能力和自我控制能力不强，道德和理智相对模糊，易受外界的影响。

青少年要自觉提高自身修养，加强世界观、人生观、价值观的改造。尤其要正确对待青春期生理心理问题，学会以正确方法发泄自身消极情绪，调节自我心理，提高心理素质。要着重提高自身法律素质，自觉守法护法，如做到不随身携带管制刀具，不打架斗殴，不酗酒等，杜绝自身的不良行为，特别是暴力行为。积极追求健康文明，远离低级的暴力色情文化，并转变"江湖义气"的哥们儿思想，慎重交友，自觉抵制犯罪思想侵蚀。

因此，本次活动以青少年学生为主要对象。

活动背景

近年来，青少年的犯罪率呈上升趋势，且犯罪者的年龄越来越小，案件的类型越来越多。由此可见，通过加强法制教育，不断增强学生的法律知识和法制观念，使他们从小养成遵纪守法的良好习惯，在学校教育中具有重要的地位。

作为班主任，应抓住小学生品德、个性、道德观、人生观形成的初始时期，加强平时的思想道德教育，使他们树立正确的人生观和价值观，自觉地以道德规范来约束自己的行为，形成良好的道德风尚。

法律与道德是相辅相成、密不可分的，两者如同车之两轮，鸟之双翼，缺一不可。我们在具体实践中注意将遵守社会主义法律与弘扬社会主义道德有机地结合起来。例如强调学生自觉执行《治安管理处罚条例》中有关"不得损害国家的、社会集体的利益以及公民个人的合法权利与自由"等规定的同时，要在爱护公物、关心集体、尊敬师长、团结同学、维护社会秩序、尊重社会公德方面拿出自己的实际行动来。

法律与纪律同是具有约束力与强制性的行为规范，违法常常从违纪开始，由违纪发展而来。遵纪守法是有效预防未成年人违法犯罪的第一道长堤。在法制教育过程中，我们一方面应当组织学生学习《义务教育法》、《治安管理处罚条例》、《未成年人保护法》、《预防未成年人犯罪法》等与自己学习生活关系最为密切的法律法规；另一方面还要组织学生认真学习《小学生日常行为规范》、《小学生守则》及本校制定的有关规章制度，将学法律与学校规，守法律与守纪律有机地结合起来。我们所采用的方法是让学生对照学习，即围绕法规、校纪罗列出若干问题，再组织学习、测试或竞赛等。

广大青少年学生，尤其是小学生还不具备完整的辨别是非的能力，属于无民事行为能力的个体，是社会生活中的弱势群体。作为学校教师、家长（监护人）、社会，理应承担起保护孩子的义务，我们必须为他们的健康、愉快成长，撑起一把法制的、安全的"保护伞"。

班会课是对学生进行法制教育的最佳阵地，可以开展主题班会，把"学法""守法"的过程开展得生动活泼，形式多样。如有些班级曾采用中央电视台"今日说法"栏目形式，以小品、抢答等形式让学生来演绎、学习和讨论《未成年人保护法》、《预防未成年人犯罪法》，学生在"乐"的气氛中，用耳听"法"，用眼"看"法，用心说"法"，加深了对"法"的认识和理解。

活动目的

1. 通过学生在日常生活中的切身感受，从思想上认识到现阶段遵守社会秩序的意义，从而养成良好的行为习惯，为营造良好的学习环境，维护社会稳定做贡献。

2. 唤起学生对社会的责任心，提高他们辨别是非的能力，树立正确的荣辱观。

3. 使学生了解各种法律法规，知道运用法律武器保护自身的权利和利益，同时教育学生懂得什么是犯罪，什么是违法。

4. 自觉遵守和维护法律，增强青少年同违法犯罪行为进行斗争的意识，培养他们运用法律的能力。

5. 达到保护性预防。保护性预防是指国家或社会各方面的力量以保护青少年健康成长为目的而采取的各种措施，这些措施主要包括：应加强有关青少年保护的立法工作；为青少年健康成长提供良好的物质条件；防止青少年沾染不良习惯，禁止侵蚀青少年思想品德信息的传播；打击教唆、引诱、胁迫青少年犯罪的犯罪活动，这也是保护预防青少年违法犯罪的重要环节。

6. 达到堵塞性预防。堵塞性预防是指通过堵塞各方面工作的漏洞，减少和消除实施犯罪的条件，达到犯罪预防的措施。主要包括：加强学校、家庭对青少年的教育，教育青少年树立正确的人生观、世界观；加强人口流动量大且人口密集区域与僻静、空旷地段的管理；加强对流动人口的管理；加强职业道德教育可有效防止涉世之初青年的职务经济等犯罪。

7. 达到控制性预防。控制性预防是指各种针对有明显犯罪倾向或轻微违法犯罪行为的人采取的帮助、教育、挽救措施。主要包括：成立帮教小组；送工读学校教育；加强少年法庭的工作；回访考察。

8. 达到改造性预防。改造性预防指政法机关以生产劳动为主要手段，通过思想政治教育、文化技术教育，使有违法犯罪的人改邪归正，成为遵纪守法的劳动者。在劳动改造时，应结合青少年犯罪的特点与原因，要重点进行思想教育，以彻底从思想上使失足青少年得以改造，真正成为自食其力遵纪守法的劳动者。

活动准备

1．班主任准备。

（1）制作案例幻灯片，并配录音说明。

（2）制订本次班会计划。

（3）准备学生表演节目所需的音响设备及多媒体。

2．学生准备。

（1）认真学习《小学生行为规范》和《中小学生法制教育通用读本》。

（2）以小组为单位排练文艺节目。

（3）准备身边发生的案例小品，有条件的可以进行社会实践活动。

3．教室准备。

（1）张贴标语。

秩序是自由的第一条件。——黑格尔

良好的秩序是一切美好事物的基础。——伯克

不以规矩，不成方圆。——孟子

天下从事者，不可无法仪；无法仪而事能成者无有也。——墨子

搞好社会治安，是关系人民群众生命财产安全和改革、发展、稳定的大事。——江泽民

（2）设计好有关"法律法规"的墙报和黑板报。

活动过程

1. 班主任导入

班主任：同学们拿出笔来，请在笔记本上自由地画圆、画方，随便画几个都行。我们再请 2 名学生在黑板上画圆、画方。

（班主任不做任何提示和要求）

学生在笔记本和黑板上画完后，让同学们前后左右地（分组）进行比较与评价，看谁画得最好，分析原因。

班主任：老师只要求你们自由地画圆、画方，为什么有些同学自觉地拿出圆规和尺子来画呢？这说明了一个什么道理？圆规是画图形的专用工具，尺子（矩尺）是画直角或方形用的工具。没有规矩，不成方圆。（进一步深化）规矩是指一定的标准、法则和习惯，自觉地拿出圆规和尺子来画图的同学有良好的学习习惯。今天我们就来讨论一下生活中的"尺子"与"圆规"。《没有规矩，不成方圆》班会现在开始。

2. 情景讨论

播放视频资料：

场面一：某教师："今天下午看电影，请同学们自己到我这里取电影票。"（学生立即拥向讲台，教师被重重包围。）

场面二：某教师："今天下午看电影，请每一行的第一位同学到这里取全组的电影，按座位顺序发给每一个同学。"（学生取票，秩序井然。）

班主任：同学们，从刚才的两个场面中，你亲身感受到什么？请大家讨论发表你的意见。

（学生发言略）

班主任（总结）："没有规矩不成方圆"，大家亲身体会到有无要求即行为规范，共同的准则是不一样！只有共同遵守了准则，才能保证应有的秩序。

3．小小辩论会——《纪律与自由》。

班主任："纪律与自由——小小辩论会"现在开始。请双方辩手各做一分钟陈述。

学生1：我方认为纪律比自由更重要。我们中国一代伟人毛泽东毛主席就曾提出：加强纪律性，革命无不胜。这充分说明了革命纪律是革命胜利的重要保障。江泽民总书记也曾把革命概括为五句话，其中第一句话就是：纪律严明。正是因为有了革命纪律，中国军队才能成为一支强大的部队，一支屡战屡胜的部队。我们学校同样也需要严明的纪律。如果一个班级纪律涣散，就一定会导致学生上课听不好，作业质量差，学习退步的恶果。我想这是每一位同学，每一位家长，每一位老师都不愿意看到的。黑格尔说得好："纪律是自由的一定条件。"所以我方认为"纪律"比"自由"更重要。

学生2：我方认为自由比纪律重要。自由是指行为不受拘束，不受限制。如果人永远受纪律的约束和限制，那他将变成一个奴隶，只知道任人使唤。大作家雨果说过：人类的第一需要，第一个权利，第一个义务，是自由。著名诗人裴多菲写了一首诗："生命诚可贵，爱情价更高。若为自由故，两者皆可抛。"为了自由，诗人连生命都可以抛弃。还有我们的先辈们，他们为了我们今天能在自由民主的环境中健康成长，不惜抛头颅、洒热血，这一个个生动的事例充分说明了自由的重要性。

学生3：我认为自由比纪律更重要。列宁说过："不会放松自己的人是没有出息的人。"没有了自由，怎么放松自己？去年报纸上曾登过这样一则消息：一个平时特别遵守纪律的中学生为了迎接高考，考试前一天也不敢休息，抓紧时间复习。可是到了第二天，由于过分紧张，他连平时很多会做的题目也做不出来了。这难道还不足以说明此时的他更需要自由吗？

学生4：学校的纪律是为了培养我们良好的学习习惯和行为习惯，因为此时的我们思想、行为还不够周到、成熟，辨别是非曲直的能力较弱，这些纪律就给我们指明了正确的方向，遵守了这些纪律，我们犯的错误就会减少了。

（注：以上只是选取了部分较精彩的发言）

班主任：经过一番唇枪舌剑，双方辩手引经据典，摆事实，分别阐述了纪律和自由的重要性。同学们，今天我们首次尝试用辩论赛的方式来理解纪律和自由的关系，参加比赛的小辩手们个个表现不凡，所以我提议让我们再次用热烈的掌声感谢他们精彩的辩论。同学们，通过这次活动的准备、资料的搜集、辩论赛的进行，我想大家对纪律与自由各自的重要性已有所了解。但是纪律和自由并不是孤立的，它们是一对矛盾的统一体。我们只有遵守了一些必要的纪律，才能获得一定的自由。比如上课说闲话，虽然你有言论自由，但你此时的"自由"却是建立在干扰别人听课权的基础上的，这种所谓"自由"就一定会被禁止。因此，我们既要讲纪律，同时也要提倡合理的自由，但是需要记住的是，遵守纪律是享受自由的前提条件。通过这次活动，我希望在今后的学习和生活中，同学们都能自觉地遵守校内外的秩序。

4. 小品《看他们》。

（三个学生平时学习马虎，纪律松懈，经常寻衅滋事。三个人上台）

一个说：我们几个的作业想做就做，不想做就不做。

另一个说：我们几个的课想上就上，不想上就不上。

第三个说：我们看谁不顾眼，就修理他。

一天，他们醉醺醺地来到某学校找一位女同学。此时正值上课时间，大门紧闭。一个说："门关了，我们走后门。"他们绕到学校后门，见后门关着。另一个说："门上锁了，砸开它。"一人用石头砸坏门锁，并到该女同学教室门口大喊女生名字，说一些脏话，严重扰乱了课堂秩序。老师出来劝阻，他们非但不听，还辱骂老师"多管闲事"，有一个竟推搡老师，正在不可开交时，门卫赶来了……

（学生讨论略）

班主任：感谢这几位同学的表演，事情的结果如何呢？请看大屏幕。

大屏幕显示下列文字：

民警在审理此案中，几个学生为自己辩护：（1）自己是第一次做这种事。（2）自己不懂这种做法是违法的。（3）酒后自己控制不住自己。公安机关的最后处理结果为：比较严重推搡老师的学生拘留7日，罚款150元；带头捣乱砸坏门锁的学生拘留3日、罚款150元；随从的学生给予警告处分。

班主任：他们受到不同程度的法律制裁，我们为之惋惜，这一事件值得我们在座的同学深思。

5．演讲《没有规矩，不成方圆》。

没有规矩，不成方圆

在抗美援朝的战争中，邱少云所在部队潜伏在前沿阵地里，准备打一场伏击战。我军炮火绵绵不断地把敌人的碉堡炸掉，敌人只能动用飞机使用燃烧弹。燃烧弹烧着了邱少云旁边的稻草，熊熊烈火立即点着了邱少云的衣服。当时他只要脱掉衣服，就地打几个滚，就可以把火扑灭。可是邱少云直到生命的最后一息，也没有挪动一下，这就保证了战斗的胜利。

纵观华夏五千年历史，严守规矩严格纪律的大有人在。军纪严明的岳家军，之所以攻无不克，战无不胜，靠的就是军纪严明。一次岳云违抗军令，私自带兵出战，差点令岳家军全军覆没。岳飞不顾父子之情，要杀岳云，经众将劝解，才免除死罪，但还是打了一百杀威棍。三国时候，曹操之所以强大，也是靠军纪严明。他定了不能骚扰民居、不能让战马踏入良田的规矩，违者以死罪论处。一次他带兵出征，不料坐骑受了惊吓，踩倒了一片麦苗，为严明军纪，他主剑拔出佩剑，准备自裁，经人劝解，最后仍以割发代替死罪。可见，没有规矩是不行的，没有规矩就成不了方圆。

在我们的现实生活里，在我们的同学中，也存在着许多不守规矩的现象。有的成了电游迷；有的上课讲小话；有的打架骂娘，他们明明知道这是违反纪律的行为，可他们还是照样做。这不仅影响了自己的学习，而且也严重损害了学校的形象。

当然，光有规矩不认真执行也是不行的。如果邱少云叔叔不执行规矩，不遵守纪律，只顾自己的生命，那么后果可想而知，这场战役肯定会失败。所以，我们一定要制规制矩，严格执行规矩，争做遵守规矩的模范。

6. 游戏——击鼓传花。

班主任：你们玩过击鼓传花的游戏吗？哪位同学愿意带着全班同学玩一会儿？

玩过 1~2 轮后，教师要求暂停一下。

班主任：为什么我们玩的时候会发生"混乱"？怎样才能使这个游戏玩得更有序、更有意义？

玩之前没有制定或宣布该游戏的规则。要使这个游戏玩得更有序更有意思（意义）就必须先制定游戏规则。全班讨论该游戏规则。班主任归纳击鼓传花的游戏规则，大屏幕显示。

（1）由一人击鼓，击鼓人要背对众人，以示公正。

（2）随着鼓声"咚，咚，咚……"敲响，击鼓传花的游戏开始，花要从第一个同学手里传递到邻近的同学手里，邻近的同学接过花后顺手再递给旁边的同学，花要随着鼓声依次不断地往下传。

（3）鼓声猛地一停，传花的动作随之立刻停止。

（4）花落到哪位同学手里，她（他）就要高高兴兴地从座位上走到讲台前，按规定表演一个自己最拿手的"节目"（或在事先准备好的小箱里拣出一张写好字的纸条，如"请你唱一支歌""请你跳舞""表演一段绕口令"，并按纸条上规定的要求去做；或到主持人那里抽个签，按签上的要求表演一个节目。表演者也可以任意指定一个人接着表演一个他所规定的节目）。

（5）鼓声一阵儿紧，一阵儿松，花一会儿传得快，一会儿传得慢。鼓声停止，花落在谁的手中，谁就要重复上述动作。

（6）如果鼓声停止时，花正好在两人手中，则两人可通过猜手心手背或其他方式决定负者。

全班一起愉快地玩这个游戏。

7. 班主任结束语。

班主任：当我们骑车上学时，当我们在教室上课时，当我们看足球比赛时，总少不了它的身影。没有它，我们将面临混乱的交通，吵闹的课堂，无序的比赛……它就是规矩。无规矩不成方圆，没有规矩是万万不能的。规矩是马路上的红绿灯，指引我们各行其道，是我们手中的号码牌，让我们明确自己的位置；规矩是我们心中的一杆秤，规范着我们行为的尺度。无规矩不成方圆，有了规矩我们才能融入社会，但超越规矩，迎接我们的会是无限广阔的世界。

活动反思

古希腊哲学家毕达哥拉斯曾经说过这样一句话："我们不能称缺乏自制的人为自由的人。"的确，失去了约束的"自由"不是真正的自由，自由与纪律是必须共存的，没有了纪律，又何谈自由？

打个比方，自由与纪律间的关系就如同火车和铁轨间的关系一样。火车虽被铁轨束缚着，但仍然可以奔驰四方，可如果火车失去两根铁轨的约束，出轨了，它就只能是废铁一堆。由此引申，人人都渴望享有自由，但如果离开纪律，世界将陷入无序，变得一片混乱。

美国有位科学家做了这样一个实验，把一些人分为两组进行训练。一组由自己自由训练，另一组由教官严格训练。结果是受到严格训练的那一组效果好得多，他们虽然付出得多，但得到的也多。

学生入校后，学校先后公布了《小学生守则》、《小学生行为规范》等条例，这时，有些同学不愿意了，他们认为这些条例让他们失去了自由。但这些同学有没有想过：这些条例就如两根铁轨，带领我们走向光辉的明天。的确，自由是可贵的，但纪律更是必不可少的。

作家斯宾诺莎说得好："爱好自由是人的天性，但往往过度而陷入放纵。"今天，我们每个公民都享有自由，但是，在享有自由的同时，也要用责任、道义，更要用纪律来规范、约束自己的言行，这样才能成为一个高尚的人。

俗话说没有规矩，不成方圆。规矩即常规纪律，即要求每个成员都应遵守用来约束自己行为的规则、条文等。它是一件事情想取得成功的保证。对人的教育来说更是如此。

　　一个人初入学，最重要的就是要先养成良好的日常行为规范，形成良好的学习生活习惯，这样才能为专心学习打好基础，做好准备。学校通常在开学初期都要用大量时间狠抓学生常规。

　　可见，只有有了规矩，有了方圆，才可言其他，诸如学习知识，发展智力，培养能力等；才能够保证孩子们会有所进步。抓好常规训练是实施班级管理的首要前提。

附：

综合练习

一、填空题

1. （　　）是一切事业成功的基础，人随时都处在沟通之中。

2. 在沟通时，应该认真地倾听他人的讲话，这是沟通（　　）的一项原则。

3. 一个只要不是情操低下、行为卑劣兼酒囊饭袋的人，那就无论其能力大小，各种条件好坏，都应有充分的（　　）而不应自感低人一等。

4. （　　）也是人际交往中的一个重要的语言技巧。

5. 课堂是教学的重要场合，遵守课堂（　　）是对所有学生的起码要求。

6. 学生时代，是人生最宝贵的时代；（　　），是人生最宝贵的人际关系。

7. 与同学说话要态度（　　）、（　　）；要语调平和，不可装腔作势。

二、问答题

1. 和谐相处的特点是什么？

2. 尊重老师的礼仪有哪些?

3. 同学相处的礼仪有哪些?

4. 保持形象的技巧是什么?

5. 消除嫉妒的技巧是什么?